상처까지 받으면서
들어야 할 말은 없다

상처까지 받으면서
들어야 할 말은 없다

초판 1쇄 인쇄 2022년 11월 30일
1쇄 발행 2022년 12월 10일

지은이 **김옥심**
펴낸이 **우세웅**
책임편집 **김은지**
기획편집 **김휘연 정보경**
콘텐츠기획 · 홍보 **김세경**
북디자인 **박정호**

종이 **앤페이퍼**
인쇄 **㈜다온피앤피**

펴낸곳 **슬로디미디어그룹**
신고번호 **제25100-2017-000035호**
신고년월일 **2017년 6월 13일**
주소 서울특별시 마포구 월드컵북로 400, 상암동 서울산업진흥원(문화콘텐츠센터) 5층 22호

전화 02)493-7780
팩스 0303)3442-7780
전자우편 slody925@gmail.com(원고투고·사업제휴)
홈페이지 slodymedia.modoo.at
블로그 slodymedia.xyz
페이스북.인스타그램 slodymedia

ISBN 979-11-6785-096-6 (03190)

나를 바꾸지 않고 이기적으로
소통하는 기술

상처까지 받으면서
들어야 할 말은 없다

김옥심 지음

슬로디미디어

나를 바꾸지 않고
이기적으로 소통해도 괜찮아

'이기적'이라는 단어는 자기 자신의 이익만을 꾀하는 태도를 뜻합니다. 유의어로는 '계산적, 이기주의적'이라는 말이 있고, 반의어로는 '이타적'이라는 말이 있습니다. 그러나 단어가 가진 진정한 의미는 문장 속에서의 쓰임에 따릅니다. '이기적'이라는 단어에 '유전자'가 붙으면 어떤 의미로 인식되나요? 이 용어는 리처드 도킨스(Dawkins, R.)의 저서 《이기적 유전자(The selfish gene)》에 의해 알려지며, 생존이나 증식에 유리하도록 진화하였다고 생각되는 유전자란 뜻으로 사용되고 있습니다.

제가 이 책을 통해 전하고자 하는 것은 '이기적 소통'입니다. 무조건 나를 우선시하고 타인을 무시하는 태도가 아니라, 관계와 대화의 중심에 '나'를 주인공을 둔 소통을 뜻합니다. 대화의 주인공을 '나'로 둔다니 무슨 당연한 이야기인가 싶겠지만, 사실 나를 중심에 두고 이야기하는 사람은 많지 않습니다. 특히 동방

예의지국 사람들에게 '내가 중심에 서는 일'은 말처럼 쉬운 일이 아닙니다. 예절, 겸손, 양보와 같이 나를 낮추고 남을 배려하는 것이 미덕이라고 배우며 자란 우리는 관계와 대화의 중심에 나보다 남을 두는 것이 더 자연스럽고 익숙합니다. 상처가 되는 말을 듣고도 '상처받았다'라는 말이 상대에게 상처가 될까 봐 전전긍긍하다 끝내 삼켜버리는 모습이 낯설지는 않을 것입니다.

타인의 시선, 반응, 평가를 삶의 중심에 두면 내가 원하는 삶을 살 수 없습니다. 모두에게 좋은 사람이 되기 위해 이타적으로 사는 내가 아니라, 남에게 해를 끼치지 않는다면 나(Self)를 중심에 두고 말해도 괜찮다는 메시지를 전하고자 이 책을 집필했습니다. 사람은 누구나 이기적인 면이 있고, 나의 입장과 이익을 우선시하는 자기중심적 경향이 있습니다. 말과 관계에 조심성이 많은 우리도 보통 사람들처럼 남이 먼저가 아닌, 내가 먼저인 삶을 살아도 괜찮습니다.

이 책에서는 친절하게 말하는 법, 모든 사람과 잘 지내는 법에 대해 다루지 않습니다. 대신 상처가 되는 말로부터 적극적으로 나를 지키는 법에 대해 다룰 것입니다. 타인이 무심코 내뱉은 말, 무례한 말로 인해 상처받지 않으려면 상냥함을 무기로 쥐는 것보다 내가 느끼는 감정과 생각을 온전히 믿고 표현하는 게 좋습니다. 이 책을 통해 상대의 기분에 맞추지 말고 거절하는 기술, 원하지 않는 친절과 관심으로 내 삶을 흔드는 불편한 관계에서 멀어지는 방법을 안내할 것입니다.

수많은 강연 현장에서 만난 교육생분들에게 진심으로 감사의 말씀을 드립니다. 그분들께서 나눠주신 이야기들 덕분에 건강한 관계와 소통에 대한 영감을 얻을 수 있었습니다. 또 나에게 필요한 해답은 이미 내 안에 존재함을 알게 해준 코칭(Coaching)이 이 책의 토대가 되어 주었습니다. 코칭 철학에서 얻은 교훈은 글 사이사이에 녹아 있습니다.

아마도 자기 자신만의 이익만을 추구하고, 안하무인(眼下無人)으로 살아가는 사람은 이 책을 읽지 않을 것입니다. 이 책을 읽는 분들은 타인을 배려하느라 싫은 내색하기보다 참는 쪽을 선택한 분들일 확률이 높습니다. 제가 그랬듯, 상처로부터 자신을 지키지 못해 자책하고 억울했던 날들을 위로하고, 독립적이고 자유로운 삶의 주인공으로 거듭나는 과정에 제 글과 경험이 도움이 되길 소망합니다.

김옥심

목차

PART 6

애초에 상처받는 말을 듣지 않을 상황을 만들어라

PART 7

혼자 시나리오 쓰지 않는다

PART
1

당신은 왜
내가 듣기 싫은 말만 할까?

01

나는 왜 당신의 그 말이
듣기 싫을까?

'사람의 혀는 뼈가 없어도 사람의 뼈를 부순다'라는 속담이 있습니다. 말에는 무게가 있어, 내 말이 상대에게 어떻게 들릴지 생각해 조심히 말해야 한다는 뜻입니다. 이제는 내 말로 인해 상처받은 사람에게 "그럴 수도 있지, 넌 너무 예민해", "장난이었는데, 뭐 그런 일로 상처받아"와 같은 말로 은근슬쩍 넘어가서는 안 됩니다. 말을 가볍게 여기는 태도로 인해 상처받는 사람이 너무 많기 때문입니다.

대한민국 대표 걸그룹 멤버들의 달리기 여행 프로그램 〈달리는 사이〉에서 가수 청하의 말로 인해 상처받은 경험은 말의 무게를 실감하게 합니다.

가수 청하는 원하는 꿈을 이루었지만, 바쁜 일정으로 몹시 지쳤던 시기에 '지금 이대로의 삶이 괜찮은 걸까?'를 고민하며 주변 사람들에게 털어놓았다고 합니다. 그러나 안타깝게도 그녀에게 돌아온 건 "생각이 많아? 너 시간 되게 많나 보다", "너 그거 되게 여유로운 거야. 남들은 생각 없이 연습하고 생각 없이 다 부딪혀"라는 날카로운 반응이었습니다. 네가 나약해서 그렇게 느끼는 거라는 말, 감사하지 않는 태도가 문제라는 말, 엄살이라는 말은 어렵게 고민을 털어놓은 그녀에게 상처가 되었습니다.

누구나 당사자가 되어 보지 않고는 그의 무거운 마음을 헤아릴 수 없습니다. 해줄 수 있는 건 진심으로 이야기를 들어주는 것뿐입니다. 그것만으로도 어렵게 고민을 꺼낸 이에게 위안이 되어 줄 수 있죠. 말의 무게를 아는 사람은 타인의 삶을 쉽게 판단하는 다음과 같은 표현을 사용하지 않습니다.

- 왜 너만 유별나게 그래? 다른 사람들도 다 그렇게 살아.
- 그건 힘든 것도 아니야. 나는 말이야~
- 더 힘들게 사는 사람도 많아.

저에게도 날카로운 말에 마음이 베이고 있는지도 모른 채, '내 듣는 귀가 민감한 특성 때문에 쉽게 상처받는 것은 아닐까?'라고 생각했던 시절이 있었습니다. 하지만 이제는 압니다. 제가 까다롭고 예민한 것이 아니라, 말의 무게를 모르고 경솔하게 말하는 그 사람이 문제라는 것을요. 따뜻한 위로까지는 아니어도, 자신이 한 말이 상대에게 어떻게 들릴지 한 번이라도 생각했다면 그리 쉽게 말할 수는 없을 것입니다. 어렵게 꺼내 놓은 아픔에 옳고 그름을 판단할 자격은 누구에게도 없으니까요.

과거에는 좋은 게 좋은 거라는 생각으로 석연치 않은 말을 '말 실수'로 포장할 수 있었으나, 지금은 잘못 내뱉은 말 한마디로 인성까지 평가받는 시대입니다. SNS(Social network service, 사회관계망서비스)의 대중화로 말이 지닌 파급 효과가 커졌기 때문입니다. 무엇을, 어떻게 말하느냐에 따라 사람들에게 호감의 대상이 되기도, 비난의 대상이 되기도 합니다. 인터넷 검색창에 '막말'을 입력하고 뉴스 헤드라인을 살펴보세요. 정치·연예·사회면 전반에 걸쳐 막말 논란으로 사과하는 내용의 기사가 넘칩니다. 요즘은 사람들에게 어떻게 들릴지, 사회적으로 어떻게 인식될지를 고려해 말하지 않으면 일반인도 막말 논란을 피해 가기 어렵습니다.

직장인의 온라인 대나무숲이라 불리는 '블라인드 앱(Blind App)' 은 400만 명 이상의 가입자가 있는 소셜 플랫폼입니다. 해당 앱은 회사 메일로만 가입할 수 있고, 회사명만 공개되기에 익명성이 보장 됩니다. 재직자들만 글을 남길 수 있기에 그들이 남긴 기업 리뷰는 상당히 직접적이고 믿을 만한 정보로 공유되기도 합니다. 그런데 이 앱에 공유되는 이야기를 보면 '이제 더는 직책이 높거나 나이가 많 다는 이유로 막말해서는 안 된다'라는 개념이 자리 잡고 있습니다. 젊은 세대의 재직자들이 일 잘하는 상사의 특징으로 '원활한 커뮤 니케이션 능력'을 꼽고, 최악의 상사 특징 중 하나로 '막말과 폭언하 는 상사'를 꼽으니 이제는 단순히 일만 잘해서는 사람을 리드할 수 없겠죠.

막말이란 사전적으로 '나오는 대로 함부로 하거나 속되게 하는 말, 뒤에 여유를 두지 않고 잘라서 하는 말'을 의미합니다. 여기에 제 의견을 더하자면 상대에 대한 배려나 존중 없이, 말하는 사람이 편한 대로 말하고 듣는 방식을 뜻합니다. 폭언과 욕설뿐 아니라, 내 가 한 말이 어떻게 들릴지 고민하고 말하지 않으면 누구나 블라인 드 앱을 뜨겁게 달구는 막말 논란의 주인공이 될 수 있습니다.

그래서인지 요즘 젊은 세대는 듣는 귀와 하는 말이 기성세대보다 민감하고 조심스럽습니다. 나보다 어리다고 무조건 하대하지 않으며, 동년배여도 상호 존칭을 사용합니다. 혹자는 '너무 정이 없다'라고 표현하기도 하지만, 나이와 서열에 따라 위아래를 구분 짓고 반말하는 문화, 듣는 사람은 불편하고 말하는 사람만 편한 막말 문화보다 훨씬 건강하고 좋은 흐름이라 할 수 있습니다.

과거와 많은 것이 달라진 현재입니다. 열심히 공부하면 취업과 결혼이 보장되고, 내 집을 소유할 수 있는 시대는 지났습니다. 고성장 시대를 살아온 사람이 저성장 시대의 무한 경쟁을 온몸으로 겪고 있는 사람에게 하는 충고가 통할까요? 그 사람의 인생을 대신 살아줄 것이 아니라면 다 아는 것처럼 말해서는 안 됩니다. 아무리 좋은 의도라도 듣는 사람에게 상처가 된다면 멈추는 것이 맞습니다.

지금부터 상처 주는 타인의 말에 흔들리지 않고, 나를 바꾸지 않으면서 이기적으로 소통하는 방법을 안내할 것입니다. 말을 잘하는 방법이 아닌, 나의 감정과 생각을 건강하게 표현하는 소통의 기술을 담았습니다. 상처까지 받으면서 들어야 할 말은 없습니다.

당신에게 당연한 것이
내게는 당연하지 않다

타인과 관계를 맺고 소통하는 수단인 말의 이면에는 각자가 '당연하다'라고 생각하는 믿음이 자리 잡고 있습니다. 이러한 믿음은 옳고 그름을 판단하는 기준이 되어, 소통을 돕기도 하고 방해하기도 합니다. 이해를 돕기 위해 예를 들어보겠습니다. 500ml 물을 담을 수 있는 비커가 있습니다. 제시된 문장을 보고 적절한 물의 양을 괄호 안에 적어보세요.

조금만 담아 주세요. (   )

적당히 담아 주세요. (   )

많이 담아 주세요.　　(　　)

저는 괄호 안에 다음과 같이 적었습니다.

조금만 담아 주세요.　(100ml)
적당히 담아 주세요.　(250ml)
많이 담아 주세요.　　(500ml)

저와 똑같이 적었다면, 단어에 대한 주관적 해석이 같으므로 대화할 때 의견 조율 과정이 필요하지 않습니다. 은유적인 표현으로 '눈빛만 봐도 알 수 있는 사이, 죽이 잘 맞는 사이'가 될 것입니다. 그러나 상대가 '조금만'에 200ml를 적었다면, 조금만을 100ml라고 믿는 저와 의견을 조율해야 할 것입니다. 넉넉하게 베푸는 가정에서 자란 사람과 절약이 미덕인 가정에서 자란 사람이 당연하게 생각하는 '조금만'의 양은 다를 수 있기 때문입니다.

그렇다면 순대와 가장 잘 어울리는 양념은 무엇인가요? 경상도는 된장, 서울은 소금, 충청도는 초고추장인가요? 같은 지역이라도 개인의 취향에 따라 답변은 달라집니다. 치약은 끝에서부터 올려짜는 것이 당연한가요, 중간부터 짜는 것이 당연한가요? 부부가 사소한 것으로 다투는 일은 다른 환경에서 살아온 두 사람이 가족이 되기 위해 서로가 당연하다고 생각해온 것들을 조율하려는 노력입니다.

회사에서는 어떨까요? 9시 출근이라면 몇 시까지 사무실에 도착하면 될까요? S 기업 신입 사원의 반응은 다양했습니다. Z세대인 그들 사이에도 8시 30분부터 9시까지 생각의 차이는 존재했습니다. 리더들의 반응은 어땠을까요? "나 때는 말이야, 한 시간 전에 출근했지"라는 예상할 수 있는 답변부터 '8시 59분'이라는 예상 밖의 답변까지 다양했습니다. 세대 공감은 한 세대가 특정 세대를 무조건 이해하고 수용하는 것이 아닙니다. 동시대를 살아가는 다른 사람들이 서로가 당연하다 믿는 생각을 조율하는 노력입니다.

타인과 관계를 맺고 소통하는 수단인 '말'에는, 나에게는 당연해 타당한 것으로 여겨지는 신념과 가치관이 반영됩니다. 이러한 현상을 미국의 조직 개발 분야 전문가인 에드거 샤인(Edgar H. Schein)은 신념과 가치관 이면에 뿌리 깊게 자리 잡은 '암묵적 가정(Underlying assumption)'이라 말하며, 말의 뿌리에 해당하는 서로의 가정을 조율하지 못한 채 대화하는 것은 소통의 큰 걸림돌이 됨을 강조합니다.

성인에게는 최소한 몇십 년 동안 살아온 자신만의 삶의 방식과 형태가 있습니다. "순대는 당연히 소금이죠", "치약은 당연히 밑에서부터 짜야죠", "당연히 30분 전에 출근해야죠" 등의 말에서 '당연히'라는 단어는 듣기 불편합니다. 말한 사람의 생각은 보편적이고, 듣는 사람의 생각은 틀렸다는 말로 들리기 때문입니다.

원래부터 당연한 것은 존재하지 않습니다. '당연히'라는 세 글자는 경험에 기반한 개인의 생각일 뿐인데, 모두에게 당연한 것처럼 말하는 것은 불편합니다.

내가 감각형이라 까다롭다고?

MBTI(Myers-Briggs Type Indicator, 마이어스 브릭스 유형 지표)는 모녀 심리학자인 이사벨 마이어스(Isabel Myers)와 캐서린 브릭스(Katharine Briggs)가 카를 융(Carl Jung)의 심리 유형론을 토대로 개발한 성격유형 지표로,, 인간의 성격을 네 가지 선호 지표로 구분합니다. 편하게 이해할 수 있어 인기가 좋은 검사이기도 하며, 과거에 혈액형 궁합이 유행이었던 것처럼 최근에는 MBTI 궁합이 생겨날 정도로 관심이 뜨겁죠. 간단한 도표로 설명하면 다음과 같습니다.

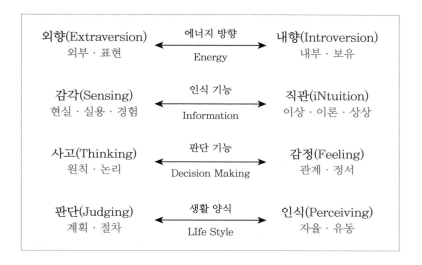

외향(Extraversion) 외부 · 표현	에너지 방향 Energy	내향(Introversion) 내부 · 보유
감각(Sensing) 현실 · 실용 · 경험	인식 기능 Information	직관(iNtuition) 이상 · 이론 · 상상
사고(Thinking) 원칙 · 논리	판단 기능 Decision Making	감정(Feeling) 관계 · 정서
판단(Judging) 계획 · 절차	생활 양식 LIfe Style	인식(Perceiving) 자율 · 유동

'사과'하면 무엇이 떠오르시나요? 대답은 정보를 수집하고 인식하는 방법의 차이에 따라 다르게 나옵니다. 우선 감각형(S)은 감각기관인 오감을 통해 경험한 것에 주의를 기울이며 사실적이고 구체적인 정보로 표현하는 것을 선호해 '빨갛다, 맛있다, 달콤하다, 아삭하다, 과일'이라고 답하는 경향이 있습니다. 반면, 직관형(N)은 감각으로 볼 수 있는 것 이상의 가능성, 상상, 느낌과 같은 인식을 통해 정보를 수집합니다. 따라서 사과가 자신에게 갖는 의미, 사과를 떠올리면 상상되는 사물이나 이미지로 표현하는 경향이 있어 '아이폰, 스티브 잡스, 뉴턴, 백설 공주, 마녀' 등을 답합니다.

이렇게 다른 감각형(S)과 직관형(N)의 특성에 대해 이사벨 마이

어스는 "사람과 사람을 가르는 장벽처럼 보인다"라고 이야기한바 있습니다. 두 특성의 차이는 다음의 대화에서 극명하게 드러납니다. 남편은 직관형(N), 아내는 감각형(S)입니다.

(남편) 요즘 양자역학이란 개념이 아주 흥미로워~

(아내) 어떤 개념인데?

(남편) 원자들의 사이를 조정하면 앤트맨처럼 신체 크기를 자유자재로 조절할 수 있다는 이론이야. 생각만으로도 멋지지?

(아내) 와, 그게 가능해? 난 과학 분야는 어렵더라.

(남편) 요새 얼마나 핫한 이론인데. 뉴스에도 나오고. 다시 설명해줄 테니 잘 들어봐. 거시 세계에서 특정 물리량을 관찰하면 연속인 것처럼 보이지만, 관찰 단위가 작은 미시 세계에서 보면 불연속성이 보인다는 이론이야.

(아내) 아, 무슨 말인지 모르겠어. 여행 와서 갑자기 웬 양자역학? 얼마 전에 당신 친구들도 어렵다고 말했잖아. 나랑 관련 없는 얘기 그만 듣고 싶어.

(남편) 잘 들어봐, 정말 흥미로운 개념인데… 요즘 이슈인 내용은 알고 있어야지.

(아내) 알아 두면 뭐가 좋은데? 그럼 테이블 위에 있는 물건들을

예로 들어서, 1분 내외로 정리해서 얘기해봐.

(남편) 으이그… 직업병 또 시작이고만.

사례에 등장하는 부부는 저와 남편입니다. 양자역학에 대한 관심도가 확연하게 다르고, 개념을 이해하려는 방식도 다른 것을 확인할 수 있습니다. 연애 기간을 포함하면 21년을 함께했는데도 가끔은 이렇게 서로의 의도를 전혀 다르게 이해합니다.

감각형(S)은 현실과 연관되어 있고, 단계적으로 제시되는 사실을 선호하기에 여행지에서 양자역학을 설명하는 남편의 행동이 갑작스럽고 비현실적으로 느껴집니다. 따라서 추상적인 개념을 실제 상황이나 현실로 연결하기 위해 '예를 들어서' 설명해달라거나 '뭐가 좋은지'를 질문합니다. 반면, 직관형(N)은 포괄적인 개념과 아이디어, 가능성에 흥미를 느끼고 은유적인 표현을 선호합니다. 감각형(S)이 느끼는 흥미는 오감과 현재를 기반한 내용이라면, 직관형(N)이 느끼는 흥미는 육감과 통찰을 기반한 내용입니다. 따라서 직관형(N)인 남편은 '내 생각에는' 또는 '이게 참 흥미로운 얘긴데'라는 말을 자주 사용합니다.

결과적으로 저는 남편의 말이 현실과 동떨어지고 추상적인 잡념이라고 판단하게 되며, 남편은 눈에 보이지 않는 개념을 구체적으로 설명해달라는 제 요청에 답답함을 느끼고, 자신을 지지하지 않는다고 느끼게 됩니다. 감각형(S)과 직관형(N)의 정보를 수집하고 표현하는 방식 차이를 이해하지 못한 채 대화하는 것은 시끄러운 노래가 나오는 헤드셋을 낀 채 대화하는 것과 같습니다.

MBTI 성격유형 검사를 열여섯 가지 유형의 분류로만 아는 사람들이 많습니다. 유형은 자신과 다른 사람들을 이해하는 것에 분명 많은 도움을 줍니다. 그러나 기억하세요.

"당신과 내가 동일 유형일지라도 모든 사람은 개별적인 존재입니다"

누구나 자신을 평범하다고 생각하지만, 각자의 개별성과 독특성을 갖고 있습니다. 직관형(N)의 생각이 특이한가요? 아닙니다. 흥미를 느끼는 분야가 다른 것입니다. 감각형(S)의 질문이 까다롭나요? 아닙니다. 추상적인 개념을 구체적인 정보로 바꾸려는 노력입니다. 성숙한 어른은 자신의 고유한 성격을 평범, 옳음, 성숙의 지표로 생각하지 않습니다. 다양한 성격이 존재하고, 서로에게 차이가 있다는 것을 인정하지 않은 채 타인을 평가하고 판단하는 말은 듣기 불편합니다.

04

듣기 싫은
네 편 내 편 가르는 말

말(言語)은 인간이 가장 일반적으로 사용하는 의사소통 수단이자, 내면의 감정과 생각을 전달하는 데 가장 효과적인 수단입니다. 하루를 살펴보면 아침부터 저녁까지 만나는 사람들과 주고받는 말들로 채워진다고 해도 과언이 아닙니다. 그리고 그 말들 중에는 듣기가 편안하고 서로에게 쉼이 되는 말이 있는가 하면, 듣기 불편하고 서로에게 악(惡)이 되는 말도 있습니다. 최근 들은 말 중에 가장 듣기 거북한 말은 무엇이었나요? 저는 아래 제시된 말을 들을 때, 매우 불편하고 소중한 우리말이 오염되는 것 같아 걱정스럽습니다.

성별 갈등을 부추기는 표현	김치녀/한남충, 김여사/개저씨, 퐁퐁남/퐁퐁녀
세대 갈등을 부추기는 표현	잼민이, 급식충, 꼰대, 틀딱충
행동을 비하하는 표현	진지충, 설명충, 감성충, 출근충

　신조어를 살펴보면 성별, 세대, 행동 등 대상은 다르지만, 상대를 조롱하고 혐오감을 부추기는 공통적인 특징이 있습니다. 그리고 결과적으로도 특정 집단을 혐오하거나 적대시하는 표현이 실제로 갈등을 부추기고, 혐오와 비하의 대상을 더욱 넓히고 일반화하고 있습니다. 벌레 충(蟲) 자는 학부모, 노인, 중고등학생에게까지 마구 붙여서 비하하다 못해 행동까지 비꼬는 접미사입니다. 어린이를 비하하는 표현인 잼민이는 내가 지나온 모습이고, 어른을 표현하는 단어인 꼰대는 앞으로의 모습인데, 어쩌다 모두가 벌레가 되었는지 모르겠습니다.

　혐오 표현이란 개인이나 집단의 정체성을 이루는 특성에 대해 차별적이거나 모욕적인 표현을 드러내는 발언을 하는 행위를 뜻합니다. 이전에는 혐오 표현의 대상이 소수자(여성, 성 소수자, 이주민, 장애인 등)를 향한 것이었다면 이제는 세대, 성별, 성향, 외모, 직업에까지 확대되며 이분법적 사고로 네 편 내 편을 나눕니다.

일부 남성과 여성의 몰상식한 행동을 비난하는 표현은 순식간에 집단 전체를 비하하고 낙인찍으며 다른 성별에 대한 혐오감을 선동합니다. 설거지하는 배우자를 조롱하는 표현은 '누가 설거지를 하는 것이 맞는가?'의 논쟁을 넘어, 비참한 결혼 생활을 하는 것의 지표인 양 왜곡됩니다. 혐오 표현을 사용하는 사람에게 "듣기 불편하다. 무슨 뜻인지 알고 사용하는 것인가?"라고 물으면 또 진지충, 설명충이라는 말로 바른 생각을 말하는 사람을 조롱합니다.

혐오 표현은 이미 일상에 스며들어 가벼운 유머나 유행어로 사용하기에는 심각한 수준이 이르렀습니다. 법의학자 이호 선생님은 방송에서 "누군가에게 일어날 수 있는 일은 누구에게나 일어날 수 있다"라는 메시지를 전한 바 있습니다. 사회 문제나 범죄에 대해 가볍게 여기는 태도의 위험성을 전한 내용이 공감되는 요즘입니다.

혐오 표현의 핵심은 내가 속하지 않은 집단에 대한 차별과 공격, 나와 다른 사람은 존중하지 않는 배타적 태도, 흑백 논리로 어느 편에 설 것인지를 선동하며 분열과 갈등을 조장합니다. 이에 노골적인 적대감을 드러내면 피할 수도 있습니다. 그러나 의도를 교묘하게 숨긴 채 사람들의 편견을 자극하고, 혐오의 감정을 불러일으키는 표현에 대해서는 민감하게 알아차리고 정제해 들으려는 노력이 필요합니다. 언젠가 혐오 표현의 피해자가 내가 되지 않으리라는 법은 없기 때문입니다.

혐오 표현을 규제하는 사회적 차원의 제도 마련 이전에 혐오 표현에 대해 웃어넘기거나 침묵하지 않는 사회적 분위기 형성이 우선되어야 할 것입니다. 말은 내뱉으면 주워 담거나 고칠 수 없습니다. 따라서 말의 무게와 깊이에 대해 알고 조심히 말하고, 생각해서 말할 수 있어야 합니다. 혐오 표현은 듣기 싫은 말입니다.

가까스로 웃어넘기고 나면
꼭 체했다

농담으로 한 말인데 뭘 그리 진지하게 받아들이냐는 상대와 대화할 때, 생긴 오해에 자기 말만 맞다 확신하는 상대와 대화할 때, 현란한 말 기술로 치장했지만 진짜 의도를 숨긴 상대와 대화할 때 우리는 부정적 감정을 느낍니다. 상대를 배려하는 마음이 없는 사람과의 대화이기 때문입니다. 이렇게 말에서 생긴 부정적 감정은 어떻게 관리해야 할까요?

사람이라면 누구나 두려움, 걱정, 슬픔, 실망, 외로움, 부러움, 미움, 화, 짜증과 같은 부정적 감정을 불편하게 여기고, 피하려는 마음이 있습니다. 그러나 부정적 감정을 억누르거나 대수롭지 않게 넘기려 해서는 안 됩니다. 자신의 감정을 있는 그대로 받아들이지 않고 모른 척하면 나중에는 자신의 감정을 믿지 못하게 되기 때문입니다.

만약 누군가가 내 뒷담화를 한다는 것을 알게 되면 어떤 감정이 들까요? 설상가상 그 누군가가 친하다고 생각한 사람이었다면 어떨까요? 당황스럽고, 속상하고, 화나고, 짜증 나고, 상대가 밉고 싫은 감정이 들 것입니다. 오히려 상대의 눈치를 본다거나 잘못의 원인을 나에게서 찾으려 한다거나, 좋은 게 좋은 거라고 참고 넘어가는 것이 이상합니다. 정당하게 느껴지는 내 감정을 오랜 시간 믿지 못하면, 다음과 같은 해로운 죄책감과 자기 비난이 자신을 힘들게 합니다.

- 나한테 뭐 서운한 게 있어서 그랬겠지.
- 뒷말하는 친구라도 미워하면 안 돼.
- 뒷말하지 않게 다음에는 거절하지 말자.

정말 친한 친구, 나를 소중히 대하는 사람은 뒤에서 나를 험담하지 않습니다. 험담하는 친구라면 미워해도 됩니다. 미워하는 감정은 잘못된 게 아닙니다. 가장 가까운 가족도 미울 때가 있으니까요.

나쁜 것은 미운 감정으로 인해 뒤에서 험담하고 거짓 소문을 만드는 행위입니다. 어떠한 이유로든 상대에게 섭섭함과 실망감을 느끼고 싫어하게 될 수는 있습니다. 그러나 이러한 개인적 감정 때문에 거짓 소문을 퍼트리는 행위는 잘못입니다. 22년 1월 5일 보도된 BBC의 〈우울하고 화날 때, 불편한 감정을 아는 것이 중요한 까닭〉에서 캘리포니아 버클리 대학의 아이리스 마우스(Iris Mauss) 심리학 교수는 천 명의 참가자에게 아래 세 가지 질문을 주고, 1부터 7까지 점수를 매기도록 했습니다.

① 나는 감정을 있는 그대로 느껴서는 안 된다고 스스로 말한다.
② 비이성적이거나 부적절한 감정을 가진 나 자신에게 비판적이다.
③ 나의 감정 중에는 나쁘거나 부적절한 것이 있고, 이 감정을 느껴서는 안 된다고 생각한다.

그 결과 점수가 높을수록 우울증과 불안 증상을 보이기 쉽고, 전반적인 삶의 만족도와 심리적 행복감이 낮은 것으로 나타났습니다. 대조적으로 내 생각과 감정을 '나쁘다' 또는 '부적절하다'로 규정하지 않고, 있는 그대로 받아들인 사람들은 심리적으로 건강한 경향을 보였습니다.

감정에는 좋고 나쁨이 없습니다. 그러니 감정을 옳고 그름으로 판단하지 말고 온전히 믿어보세요. 당신이 그렇게 느꼈다면 분명 그럴 만한 이유가 있는 것입니다. 상처까지 받으면서 억눌러야 할 감정은 없습니다. 상처가 되는 말을 듣고도, 상처받았다는 말이 상대에게 상처가 될까 가까스로 웃으며 해야 할 말을 삼켜버리지 마세요. 당신이 예민하고 까다로워서 부정적 감정을 느끼는 것이 아니라, 상대가 무례하게 말하고 행동했기 때문에 그렇게 느끼는 것입니다. 타인의 상처를 걱정하기 전에, 내가 상처받지 않도록 관계와 소통의 중심에 당신을 주인공으로 두어도 괜찮습니다. 내 삶에서 내가 중심에 바로 서는 것은 나쁜 것도 틀린 것도 아니고 당연한 것이니까요.

다음 파트부터는 자신을 지키지 못해 자책하고 억울했던 날들을 위로하고, 부정적이든 긍정적이든 내가 느낀 감정과 생각을 존중하고 표현하는 실질적인 방법들을 안내하겠습니다.

[Self-Coaching] 나의 하루와 마음 노트

1) 지금까지도 상처로 남은 말은 무엇인가요?

_____

_____

_____

_____

_____

2) 그 말을 듣고, 어떻게 반응했나요?

_____

_____

_____

_____

_____

3) 그 당시로 돌아간다면, 상대에게 어떤 말을 하고 싶나요?

_____

_____

_____

_____

_____

모두에게
좋은 사람이면 뭐 하나

01

모두에게
좋은 사람은 없다

아이를 키우며 일하는 여성은 모두 '어떻게 해야 일도 잘하고, 아이도 잘 키울 수 있을까?'를 고민합니다. 둘 다 가치 있는 일이기에 어느 하나 소홀해지고 싶지 않습니다. 저 역시 가정에서는 좋은 엄마가 되고, 회사에서는 좋은 동료가 되기 위해 무던히도 애썼습니다. 하지만 이제는 압니다. 두 역할을 모두 잘하겠다는 마음은 훌륭하지만, 결국 자신을 해치는 욕심이라는 것을요.

30대의 저는 좋은 엄마, 좋은 강사, 좋은 아내, 좋은 딸, 좋은 며느리가 되기 위해 최선을 다했습니다. 모든 역할을 잘하고 싶었고, 잘 해낼 수 있다 믿었습니다. 처음엔 모든 게 완벽히 돌아가는 것처럼 보이기도 했습니다. 슈퍼우먼처럼 많은 일을 책임감 있게 해내는 저를 보며 사람들은 '대단하다, 멋있다' 말했죠. 자는 시간을 줄이고, 나만을 위한 시간(쇼핑, 친구들과의 수다, 휴식)을 포기했지만, 좋은 성과를 내고 인정받고 있으니 괜찮다고 생각했습니다.

그러나 시간이 지날수록 몸과 마음이 지쳐갔습니다. 모든 사람의 요구를 조율하고 기대에 부응하는 것에 시간을 쓰다 보니 할 일이 끝없이 쌓였습니다. 퇴근 후에는 좋은 엄마와 좋은 아내가 되기 위해 가족과 시간을 보내고, 모두 잠이 들면 밤샘 근무를 시작합니다. 천근만근 피로가 쌓인 몸으로 책상에 앉으니 집중이 될 리 없습니다. 하루를 마치고 가장 편안해야 하는 시간에 건강하지 못한 생각들이 나를 괴롭힙니다. '나만 고생하는 것 같고, 아무도 내 마음을 몰라줘', '사람들이 내 노력에 고마워하기는커녕 당연하게 생각하는 것 같아 서운해', '나는 많은 것을 양보했는데, 사람들은 그렇지 않아. 억울해'라는 마음이 듭니다.

내 일상은 너무나 치열한데, 주변 사람들의 삶은 평온해 보입니다. 좋은 사람이 되기 위해 최선을 다했으나 결과는 만족스럽지 못합니다. 무엇을 위해 이 시간까지 잠도 못 자며 일하는 건지 고민하며 회의감으로 괴로워했던 그 시절의 저에게 얘기해주고 싶습니다. 다 잘하고 싶은 마음은 이해하지만, 자신을 혹사하는 행동을 그만

멈춰야 한다고요. 애초에 모두에게 좋은 사람은 없고, 모든 역할을 항상 완벽하게 해내는 사람은 없다고요.

당신이 생각하는 좋은 사람이란 어떤 사람인가요? 갈등을 느끼는 역할에 대입해 생각해보세요. 예를 들어, 좋은 엄마란 어떤 모습인가요? 매일 맛있는 요리로 아이의 건강을 책임지는 모습인가요? 아이와 잘 놀아주는 활동적인 모습인가요? 아니면 아이가 공부를 잘할 수 있도록 서포트하는 모습인가요? 그러나 좋은 엄마가 되기 위해 최선을 다해도 '좋다'라는 의미는 아이의 주관적인 평가에 달린 것이므로 내 생각과 다를 수 있습니다. 만약 아이가 원하는 좋은 엄마의 모습이 함께 시간을 보내주는 엄마라면, 일을 줄여야 합니다.

반면, 직장에서 좋은 성과를 내고 싶은 엄마라면 아이와 함께하는 시간을 줄일 수밖에 없습니다. 내가 쓸 수 있는 시간과 에너지는 한정되어 있고, 두 가지를 욕심내면 몸과 마음에 반드시 탈이 나기 때문입니다. 따라서 관계를 맺은 사람들의 모든 기대와 요구를 파악하고, 좋은 사람이 되는 것은 처음부터 불가능한 미션입니다. 사회에 공헌하는 훌륭한 사람으로 사는 것이 목표라면 개인의 이익보다는 공동체의 이익을 최우선에 두는 것이 맞습니다. 그러나 일보다는 휴식이 좋고, 힘든 것보다는 편안한 것이 좋은 저는 평범한 사람입니다.

모두에게 좋은 사람은 아니지만, 상대에게 해를 끼치지 않았다면 당신은 괜찮은 사람입니다. 늘 좋은 사람은 아니지만 소중한 사람을 위해서라면 기꺼이 배려하고 양보하는 당신은 괜찮은 사람입니다. 힘들 때는 자기 생각만 하고 이기적인 선택을 하지만 상대에게 미안해하고 사과할 줄 아는 당신은 괜찮은 사람입니다.

좋은 사람이 아니라고 해서 나쁜 사람이 되는 것은 아닙니다. 모두에게 좋은 사람이 되기 위해 자책하고 괴로워하기보다 그럭저럭 괜찮은 사람으로 '나'를 먼저 챙기는 당신이 좋습니다.

항상 완벽한 사람일
필요는 없다

완벽을 지향하는 습관은 목표 달성에 긍정적인 요인입니다. 그러나 자신에게 과도하게 높은 기준을 설정하고 끊임없이 노력해야만 완벽한 상태가 된다고 믿는 신념은 강박적 완벽주의입니다. 사실 완벽이라는 것이 절대적 척도가 아니기에 모든 일에 완벽을 추구하는 것은 불가능합니다. 하루에 열두 번 바뀌는 것이 사람 마음이고, 일을 하다 보면 마음에 안 드는 부분이 꼭 생기기 마련입니다.

예를 들어, 프레젠테이션을 준비한다고 생각해봅시다. 어제는 완벽해 보이던 스크립트가 오늘은 부족해 보입니다. 매 순간 최선을 다하지만, 보면 볼수록 부족한 부분이 보입니다. 수집한 정보의 양이 늘고 발표 경험이 쌓일수록 만족을 느끼는 기준이 높아지기 때문입니다.

이번에는 자료 취합을 위해 공통 포맷을 만들어 팀원들에게 공유합니다. 꼼꼼하게 폰트의 크기와 색상을 정하고, 부연 설명까지 덧붙입니다. '이 정도면 완벽해. 이번에는 모두 포맷에 맞춰 작업하겠지'라고 기대하지만, 예상과 다른 형태로 작업하는 팀원은 꼭 있습니다. 포맷 사용 기준을 꼼꼼히 안내해 봐도 크게 달라지는 건 없습니다. 결국 완벽하게 정리하려면 취합을 맡은 사람의 최종 수정 작업이 요구됩니다. 어쩌면 처음부터 제 기준에서 완벽한 포맷으로 보였을 뿐, 모두가 완벽하게 이해하는 형식이나 규칙은 존재하지 않았을 수 있습니다.

완전무결한 상태를 추구하다 보면 누군가에게 일을 맡기는 것이 불안하고 미심쩍어집니다. 자신에 대한 기대가 큰 만큼 타인에게도 능력 이상의 것을 기대하기에, 일을 맡기는 것보다 '혼자 해결하는 편이 낫다'라고 생각하게 됩니다. 또, 그러다 보면 모든 것을 혼자 책임진다는 생각에 초조함과 걱정이 쌓이고 일상이 흔들립니다. 결과적으로 모든 일에 완벽을 추구하는 완벽주의자의 삶은 긴장의 연속이고 더 많은 피로에 노출됩니다.

완벽하게 하지 못하는 것이 문제가 아니라, 맡은 역할마다 세워

놓은 높은 기준이 문제입니다. 결과가 만족스럽지 않거나, 예상대로 진행되지 않을 때마다 느끼는 잦은 실망감과 좌절감은 스스로를 부족하다 여기게 합니다. 최악은 자신에게 너무 엄격한 잣대를 대며 실수를 실패로 생각하는 것입니다.

마음의 상처와 트라우마를 극복하려는 선수들을 치료해주는 드라마 〈멘탈코치 제갈길〉에서는 실수와 결점에 민감하고, 자신에게 엄격한 완벽을 추구하는 사람들에게 이렇게 말합니다.

"네가 도와달라 해야 도울 수 있어. 네가 말하지 않으면 아무도 못 도와줘. 말해. 도와달라고. 도와달라고 말하는 것부터가 시작이야. 해보면 아무것도 아니야. 해봐. 할 수 있어"

도움을 청하는 것부터가 시작입니다. 지금 우리에게 필요한 것은 혼자서 완벽을 추구하는 게 아니라 사람들과 책임을 나누는 연습입니다. 맡은 역할 중에 비중이 큰 것과 작은 것을 나누고, 사소하고 작은 것부터 가까운 사람에게 도와달라고 요청하세요. 그리고 내가 정한 기준보다 만족스럽지 못하더라도 믿고 기다리세요. 시간이 지나면 그 사람도 익숙해지고 능숙해질 것입니다.

삶은 100m 단거리 달리기가 아닌, 마라톤과 같은 여정입니다. 엄마로서 아이를 돌보고, 강사로서 강의하고, 나로서 자기 돌봄이 필요합니다. 매 순간 몸과 마음에 힘이 잔뜩 들어가 날 선 채로 완벽을 추구하는 태도는 경직되고 외로운 삶입니다. 나에게 주어진 모든 역할에 의미는 있지만, 모든 역할의 비중을 동등하게 정하고 자신을 부족한 사람으로 몰아가지 마세요. 애초에 항상 완벽한 사람은 존재하지 않습니다.

안팎으로 모든 일을 혼자 해결하며 완벽한 삶을 사는 당신보다, 어느 정도 수준에서 만족할 줄 알고 힘들 때는 도움을 청하는 편안한 삶을 사는 당신이면 좋겠습니다.

03

지나친 겸손은
겸손이 아니다

당신은 겸손한 사람인가요? 의미 있는 답을 찾기 위해 이번 장에서는 지나친 겸손과 건강한 겸손에 대해 살펴보겠습니다. 국어사전에 등재된 겸손의 의미는 '남을 존중하고 자기를 내세우지 않는 태도'로, 다음 속담을 보면 뜻을 이해하는 데 도움이 됩니다.

- 벼는 익을수록 고개를 숙인다.
- 물은 깊을수록 소리가 없다.
- 겸손은 미덕이다.

겸손은 일반적으로 좋은 특성입니다. 그래서 타인의 상황을 존중하고 배려하는 겸손함을 갖춘 사람의 곁에 머물고 싶습니다. 때와 장소를 가리지 않고 자신이 이룬 성취와 행복을 자랑하는 사람, 맥락을 고려하지 않고 자신을 내세우는 사람과의 대화는 불편합니다. 저도 생각을 정리해서 표현하는 것을 선호하고, 나를 내세우기보다 타인을 배려하는 것에 익숙하기에 겸손하게 말하고 행동하려고 노력하는 편입니다.

"고생스럽긴요, 아닙니다", "힘들긴요, 괜찮습니다", "제가 한 일은 크게 없습니다", "이렇게 칭찬받을 일이 아닌데요", "누구라도 할 수 있는 일입니다"라고 말하며, 처음에는 겸손한 제 모습에 꽤 만족했습니다. '저 사람은 일도 잘하는데, 참 겸손해'라는 평가를 받았을 땐 능력과 인성을 모두 갖춘 멋진 사람이 된 것 같았습니다. 하지만 저의 겸손을 알아봐 주지 않는 사람에게는 섭섭함을 느꼈습니다. 뽐내자니 겸손하지 않은 사람이 되는 것 같고, 계속 겸손하게 말하자니 답답함이 쌓여 갔습니다. 어디서든 자신을 내세우는 사람의 능력은 과대평가 받는 것 같고, 겸손한 사람의 능력은 과소평가 받는 것 같은, 건강하지 못한 생각이 저를 괴롭혔습니다.

무엇이든 지나치면 부족한 것만 못합니다. 겸손도 지나치면, 겸손을 칭찬해주길 바라는 잘못된 기대가 생깁니다. 이는 건강한 겸손이 아닙니다. 심리학자 박진영은 칼럼 〈겸손이란 뭘까〉에서 '겸손이란 나를 정확하게 아는 것이며, 겸손한 사람은 애초에 자신을 대단한 사람이라 포장하고 싶은 욕구가 적다. 따라서 타인이 나를 멋진 사람으로 보지 않는다고 해서 속상해하지 않는다'라고 했습니다.

정말 겸손한 사람은 누군가가 자신의 능력, 노력, 수고를 알아주지 않아도 실망하지 않습니다. 멋진 사람이라는 평가에 가치를 두지 않으니 겸손한 말로 속마음을 포장할 이유도 없습니다. '겸손하지 않은 사람으로 보이면 어쩌지?'라는 타인의 시선에서 자유롭기에 자신이 할 수 있는 일과 없는 일을 구분하고, 노력의 과정과 결과에 대해 솔직하게 표현합니다.

돌이켜보니 겸손하게 말하고 행동한 제 모습은 타인의 시선을 의식한 겸손이었습니다. 겸손한 태도로 나를 내세우진 않았지만, 속으로는 사람들이 내 능력을 알아봐 주고 겸손에 감탄해 주기를 기대했습니다. 기대가 채워지면 뿌듯해하고, 채워지지 않으면 실망하는 과정을 반복한 거죠. 이는 지나친 겸손으로 자신을 너무 낮추는 과정에서 생긴 서운함과 섭섭함을 타인의 인정으로 채우려는, 건강하지 못한 태도입니다.

사람은 누구나 '인정 욕구'가 있습니다. 인정 욕구를 채우는 방법은 두 가지입니다. 하나는 타인의 인정을 통해서, 하나는 자기 인정을 통해서입니다. 공허한 마음은 나의 존재와 노력을 알아봐 주는 한 사람만 있어도 채워집니다. 그러나 그런 사람이 없다면 멀리서 찾지 말고, 나에게서 찾으세요. 인정하는 말이 듣고 싶다면 그 말을 내가 해주면 됩니다.

자신에게 '수고했어. 잘했어. 대단해. 충분해. 멋져. 예뻐. 정말 열심히 준비했잖아. 노력 많이 했어. 최선을 다했어'라는 말을 해주세요. 인정의 말을 누구에게 듣는지는 중요하지 않습니다. 지나친 겸손의 말로 자신을 낮추며 타인의 인정을 애타게 바라지 마세요. 자신에게조차 표현하지 않은 마음은 누구도 알 수 없으니까요. 겸손으로 속마음을 포장하고, 타인의 입을 거쳐 듣기를 바라는 약한 마음보다 솔직하고 당당하게 말하는 당신이 좋습니다.

04

타인의 평가에
연연하지 마

하나의 동전에 앞뒤가 다른 것처럼 하나의 성격에는 긍정적인
면과 부정적인 면이 함께합니다. 깊이 생각하고 행동하는 성격을 긍
정적으로 보면 차분하고 신중한 특성이 되지만, 부정적으로 보면 결
정까지 오랜 시간이 걸리는 우유부단한 특성이 됩니다. 마찬가지로
인내심이 강한 성격을 누군가는 끈기 있고 잘 견디는 특성으로 보
지만, 누군가는 답답하고 속을 알 수 없는 특성으로 봅니다. 이처럼
나와 관계를 맺은 사람이 나의 성격을 긍정적으로 보든 부정적으로
보든, 그것은 그 사람의 관점에서 나를 보는 것입니다.

관점(Frame)이란 세상을 바라보는 마음의 창으로, 주관적이고

상대적인 특성을 가집니다. 예를 들어, 외향적인 사람은 나를 내향적이라 느낄 것이고, 나보다 더 내향적인 사람은 나를 외향적이라 느낄 것입니다. 즉, 나에 대한 사람들의 평가는 그 사람의 관점에서 본 특성일 뿐, 절대적인 평가일 수 없습니다. 리더를 대상으로 하는 강의에서, 성격 특성의 양면성을 인식하는 활동을 하면 주로 다음과 같은 내용이 나옵니다.

- 나의 성격 특성이 팀원에게 긍정적으로만 인식되지 않을 수 있다는 생각이 들었습니다.
- 나는 원만한 관계를 유지하는 것이 중요한데, 팀원은 좋아하는 것과 싫어하는 것이 분명하여 갈등에 처하는 경우가 많다는 것을 알게 되었습니다.
- 팀장과 팀원이 하나의 사안을 달리 이해할 수 있다는 생각이 들었습니다.

나의 긍정적 특성이 상대에게는 부정적으로 해석될 수 있으며, 상대의 부정적 특성을 뒤집어 생각하면 다르게 보일 수 있음을 깨닫는 것은 인간관계를 이해하는 데에 있어 매우 중요한 요소입니다. 강의 시, 학습자에게 "의욕적인 사람과 함께 일하는 것이 어떻습니까?"물으면 대부분 적극적이고 열정적인 사람과 일하는 것이 좋다는 반응을 보입니다. 그런데 단어 하나를 바꾸어 "의욕적인 상사와 함께 일하는 것이 어떻습니까?"라고 질문하면 상당히 다른 반응이 나옵니다. 주어만 달라졌을 뿐인데 사람들은 상사의 의욕적인 특성을 과도하게 일을 추진하는 사람으로 인식해 피하고 싶다는 반응을 보입니다. 이처럼 서로 다른 입장, 상황, 이해관계에서는 같은 특성도 상반된 특성으로 인지됩니다.

더 흥미로운 사실은 같은 특성도 내 성격이면 긍정적으로, 내가 싫어하는 사람의 성격이면 부정적으로 느낀다는 것입니다. 예를 들어, '융통성 있다'라는 특성이 내 성격이면 사고와 행동이 유연한 사람으로 인식하지만, 싫어하는 사람의 성격이면 원칙을 무시하고 제멋대로인 사람으로 인식합니다. 그러나 성격의 양면성을 아는 사람은 내 성격이 긍정적이지만은 않다는 것을, 모두가 나를 좋아할 수는 없다는 것을 받아들입니다. 더 나아가 내가 싫어하는 사람이 있듯, 나를 싫어하는 사람도 있다는 깨달음을 얻습니다.

그렇기에 누군가가 나의 특성을 부정적으로 보고 싫어한다면, '내가 정말 그런 사람인가?'라고 의심하기보다는 '그의 관점에서는 내가 그렇게 보이는구나'라고 생각해야 합니다. 한 사람 한 사람 수시로 달라지는 평가와 이러쿵저러쿵하는 말을 기준으로 나를 정의

하지 마세요. 비난과 미움받는 것이 두려워 상대의 안색을 살피고, 상대의 의견에만 따르면 주체적인 삶을 살 수 없습니다.

두려움의 맞은편에는 내가 원하는 것을 선택하고 행동할 수 있는 자유가 있습니다. 나의 행복을 위해서는 다른 사람의 평가가 아닌 나만의 기준을 만드는 것이 중요합니다. 나의 특성을 부정적으로 바라보는 사람의 마음을 얻고자, 나에게서 잘못을 찾지 마세요. 단지 그 사람과 내가 맞지 않을 뿐입니다. 누가 뭐라 해도 자신만큼은 온전히 내 편이 되어, 나를 사랑하고 지지할 줄 아는 당신이 좋습니다.

최선을 다해도
어쩔 수 없는 관계가 있다

상처 입는 관계에서 제가 주로 느끼는 감정은 서운함입니다. 마음에 차지 않아 서운하고, 서운하다 못해 속상해지면 서러운 감정마저 듭니다. '무엇이 서운할까?'를 곰곰이 생각해보니, 그 사람과 잘 어울리고 친하게 지내길 바라는 기대가 채워지지 않는 것에 대한 서운함이었습니다.

사회교환이론(Social Exchange Theory)에서는 관계를 유지하고 와해하는 과정을 투자와 보상의 개념으로 설명합니다. 상대에게 할애하는 시간, 도움, 마음 등을 투자로 본다면 이를 통해 얻게 되는 지식, 정보, 관심, 애정, 도움, 만족감 등을 보상으로 보죠. 결과적으로 서로가 투자한 만큼 보상이 이뤄지는 관계는 만족을 느끼고 유지되나, 불균형이 드러나는 관계에서는 불만족을 느끼고 와해됩니다. 특히 운명적으로 맺어진 가족이 아닌 친구, 동료, 지인과의 관계는 보상이 적고 투자가 클수록 관계가 유지되기 어렵습니다. 다음 사례에서 보여주는 것처럼 주고받는 교환 과정이 원활하지 않으면 서운함 마음이 쌓이며 불만이 생기기 때문입니다.

"그 사람과 친하다고 생각했어요. 일상을 공유하고 좋은 일은 축하하고 힘든 일은 함께 위로하는 사이였어요. 서로 바빴기에 누가 먼저 연락하느냐는 중요하지 않다고 생각했는데, 시간이 갈수록 서운한 마음이 듭니다. 내가 먼저 연락해야지만 유지되는 관계, 계속 이어가는 것이 맞을까요? 서운함을 말하자니 쪼잔해지는 것 같고, 서운함을 안고 가자니 내 마음이 괴롭습니다. 나는 친하다고 생각하는데 그 사람은 나를 가벼운 관계로 생각하는 것 같습니다. 나는 진심이었는데 그 사람은 그렇지 않은 것 같아 속상합니다"

살면서 누구나 한 번쯤은 관계에서 서운함을 느낍니다. 그럴 때는 자신에게 '그 사람과의 관계가 평생 갈 것 같은가?'라고 물어보세요. 대답이 YES라면 나에게 의미 있는 관계이므로 현재 느끼는 서운한 감정을 솔직하게 전달하고 상대의 생각을 들어봐야 합니다. 하지만 NO라면 내 마음을 몰라준다고 섭섭해하고 아쉬워하지 마세요. 오은영 박사님은 저서 《오은영의 화해》에서 관계에 대한 기준을 설명하며 '깊은 마음을 나누는 것은 나와 가까운 사람들과 하는 것'이라고 이야기합니다.

"인간관계는 '나'를 중심으로 동심원을 그렸을 때, '나'와 가까운 더 친한 사람이 있고, '나'와 좀 떨어진 덜 친한 사람, 안 친한 사람이 있어요. 그들과의 관계가 다 같을 수는 없습니다. 여기서 내가 더 관심을 주고, 사랑해야 할 사람은 나와 가까운 사람이에요."

'나'를 중심으로 한 동심원에서 멀리 있는 사람과는 그 정도의 거리만 유지하면 됩니다. 연락이 없는 것은 당신에게 관심이 없어서이고, 시간이 없는 것은 당신에게 내어줄 마음이 없기 때문입니다. 번번이 약속을 지키지 않는 것은 관계의 우선순위에 당신이 없기 때문입니다. 많은 관계를 맺으려 할수록, 깊은 관계를 맺으려 할수록 관계에서 더 많은 상처를 받게 됩니다. 모든 관계를 붙잡으려는 것의 결과입니다. 상대와 나의 관계에서 우선순위가 다르면 그 인연은 건강하게 유지되기 어렵습니다.

그 사람과 어울리고 친하게 지내고 싶은 마음이 내 것이라면, 상대의 마음은 상대의 것입니다. 안타깝지만 최선을 다해도 어쩔 수 없는 관계가 있다는 것을 인정해야 합니다. 시절 인연이라는 말이 있습니다. 지금은 정말 중요한 것 같지만. 지나 보면 스쳐 지나는 인연, 한 시절만 함께하는 인연입니다. 그 모든 인연에 마음을 쓰는 것은 바람직하지 않습니다. 삶에서 집중해야 하는 관계는 힘들 때 기꺼이 시간을 내주고, 곁을 지켜주는 사람들임을 기억하세요.

[Self-Coaching] 나의 하루와 마음 노트

1) 현재 삶에서 맡은 역할들은 무엇인가요?

_____

_____

_____

_____

_____

2) 모두에게 좋은 사람이 됨으로써 얻는 것이 있다면 무엇인가요?

_____

_____

_____

_____

_____

3) 모두에게 좋은 사람이 됨으로써 잃는 것이 있다면 무엇인가요?

_____

_____

_____

_____

_____

당신 중심으로 살아도
당신은 좋은 사람이다

모든 사람은
자기중심적이다

당신은 자기중심적인 사람인가요? 대답하기 쉽지 않은 질문이지요. 이해를 돕기 위해 두 가지 사례를 들어보겠습니다. '머리부터 발끝까지'라는 가사를 듣고 이어 부르게 되는 노래는 무엇인가요?

① 머리부터 발끝까지 사랑스러워 (김종국 '사랑스러워')

② 머리부터 발끝까지 핫이슈 (포미닛 '핫이슈')

③ 머리부터 발끝까지 오로나민씨 (광고 '오로나민씨')

소통에 대한 강의에서 주로 나온 답변을 정리해보면, 40대 이상은 ①을, 20~30대는 ②, ③을 선택했습니다. 같은 가사를 듣고 다른 노래를 떠올리는 현상은 특정 시대에 '어떤 노래를 듣고 자랐는가? 문화적으로 어떤 경험을 했는가?'의 차이를 단편적으로 보여줍니다.

이번에는 다음 중 익숙하게 느껴지는 '피켓팅' 의미는 무엇인가요?

① 파업, 보이콧 등의 쟁의 행위를 효과적으로 수행하기 위하여 이탈자를 설득하거나, 쟁의 행위를 방해하는 사용자의 행위를 저지하는 보조적 행위

② 원하는 공연 티켓을 예매하기 위해 피가 터지는 전쟁 같은 티켓팅(Ticketing)

①은 사전에 등록된 사전적 정의이고, ②는 신조어입니다. 단어의 정의를 묻는다면 ①을 답하는 것이 맞습니다. 그러나 티켓을 예매하는 맥락을 고려하면 ②로 답하는 것이 맞습니다. 이처럼 단어의 의미는 개인의 경험과 상황에 따라 달라집니다.

워라밸은 일(Work)과 생활(Life)이 균형을 유지하고 있는 상태를

뜻하는 신조어입니다. 이 워라밸을 50:50으로 나누어 균형을 유지하면 완벽합니다. 그러나 우리의 삶은 무 자르듯 정확하게 나누기 어렵습니다. 어느 한쪽으로 조금은 기울 수밖에 없죠. 그렇다면 여러분은 워라밸을 위해 어떤 가치를 조금이라도 더 우선시하나요? 일인가요, 삶인가요? 회의, 회식, 근무 시간, 연차, 휴가, 돌발성 업무 진행에 대한 의견 차이는 세대의 특성으로 보기보다 각자가 중시하는 가치관이 충돌되는 현상으로 이해하는 것이 바람직합니다.

사람들은 자신의 생각이 보편적이고 객관적이라고 생각하지만, 사실은 주관적이고 상대적입니다. 각자가 살아온 역사가 다르기에 사람마다 '당연하다, 옳다'의 신념이 다르고, 누구나 자기중심적으로 듣고 말하는 경향이 있습니다. 자기중심성(Ego-centrism)이란 다른 사람의 관점이나 입장을 고려하지 않고 자신의 관점과 입장에서 사고하는 행동 특성을 말합니다. 그러나 '누구나 자기중심적 사고를 할 수 있구나'를 아는 사람과 모르는 사람의 소통 방식에는 큰 차이가 있습니다.

아마 이 책을 읽고 있는 당신은 자기중심적 사고의 위험성을 잘 알고 있을 것입니다. 내 생각과 다른 사람의 생각이 다를 수 있다는 걸 잘 알기에 말하는 게 조심스러운 '우리'이기 때문입니다. 자기중심적 사고의 위험성을 모르는 이들의 거친 말들에 상처받은 '우리'이기 때문입니다.

저는 지금까지 상대의 관점을 존중하고, 상대가 상처받을까를 염려하며 조심스럽게 말하고, 말을 아낀 사람입니다. 반면, 당신을 힘들게 하는 사람들의 모습은 어떤가요? 그들은 자기 생각과 말이 옳고 당연하다고 믿으며, 거침없이 대화를 주도했을 것입니다. 그러나 이제는 자기중심적 사고의 위험성을 모르는 상대에게서 우리의 생각, 말, 삶을 지켜야 할 때입니다. 이제는 당신의 생각도 옳다고 이야기하세요. 모든 사람은 자기중심성을 갖고 살아가기에 삶에서 절대적으로 옳은 정답은 없습니다. 타인의 생각이 옳다면 당신의 생각도 옳습니다. 다른 사람들처럼 '나'를 중심에 두고, 내가 옳다고 믿는 생각을 말해도 괜찮습니다.

생각대로 말해도 괜찮아

해야 할 말을 하지 못하고 돌아서서 후회한 적이 있으신가요? 생각대로 말하는 것이 익숙한 사람은 공감하기 어려운 고민이겠죠. 타인의 반응과 평가에 민감한 저는 행동과 정서 표현에 시간이 걸리는 사람입니다. 다음 대화 내용을 보고 당신이 리더라면 어떤 반응을 보였을지, 어떤 기분이었을지 생각해보세요.

(리더) 회의록 작성해주세요.

(구성원) 회의록 작성 안 해도 될 것 같은데요.

(리더) 아, 그런가요? (회의록 작성해야 하는데…)

(구성원) 네.

(리더) 그래요, 알겠어요. (자리에 돌아와 회의록 작성을 지시하지 못한 것에 대해 후회한다)

위 사례는 기업에 근무 중인 중간관리자를 대상으로 진행된 인터뷰 내용으로, 해당 리더는 다음과 같은 고민으로 힘들어했습니다.

- 해야 할 말을 하지 못해 답답하고 후회가 됩니다.
- 주로 의견을 수용하다 보니 팀원의 일까지 맡게 되어 힘듭니다.
- '이렇게 말했어야 했는데'라고 생각하며 후회하느라 일의 몰입도가 떨어집니다.

성별, 계층, 세대를 불문하고, 말하는 것이 조심스러운 사람들의 고민은 비슷합니다. 행동경제학 이론에 따르면 사람은 두 가지 시스템을 활용하여 의사 결정을 내립니다.

하나는 본능에 따르는 '자동 시스템'으로 자극에 대한 반응이 즉각적이고, 노력이 거의 또는 전혀 필요치 않은 특성이 있습니다. 다른 하나는 의식을 따르는 '숙고 시스템'으로 자극에 대한 반응이 다소 느리고, 노력이 필요한 특성이 있습니다. 다음은 자동 시스템과 숙고 시스템에서 나오는 대표적인 행동입니다.

자동 시스템에서 나오는 행동	· 싫어하는 음식을 권유받았을 때 당황스러운 표정을 짓는다. · 모임에서 큰소리가 났을 때 소리 난 방향을 알아낸다. · '2+2 = ?'과 같은 단순한 문장을 이해한다.
숙고 시스템에서 나오는 행동	· 싫어하는 음식을 권유받았을 때 적절한 표정을 짓는다. · 모임에서 큰소리가 났을 때, 애써 고개 돌리지 않는다. · 내 행동이 사회적으로 적절한지 점검한다.

정리하면, 자동 시스템에서 나오는 행동은 즉각적이고 무의식적인 특성을 보이고, 숙고 시스템에서 나오는 행동은 의식적인 사고 과정을 거쳐 반응하는 특성을 보입니다.

만약 두 시스템을 대화 상황에 적용하면 어떨까요? 타인의 평가와 반응이 어떨지 의식적으로 살피는 우리는 숙고하여 표현하는 데에 익숙한 사람들입니다. 즉, 자신의 입장을 정리하고 표현하는 데에 시간이 필요합니다. 결과적으로 대화를 나누는 당시에는 괜찮다고 느끼지만, 생각 정리가 끝난 뒤에는 말하지 못한 것을 후회합니다. 특히 표현이 명확하고 반응이 빠른 사람들과의 대화, 상대와 반대되는 의견을 말해야 하는 상황에서는 숙고 시스템이 더욱 활성화됩니다. '저 사람은 어떻게 저런 말을 쉽게 하지? 이 의견에 대해서는 어떻게 생각할까? 혹시 내 말에 상처받지 않을까? 옳은 선택일까?'를 고민하다 말할 타이밍을 놓치는 경우도 많습니다.

더 안타까운 것은 생각 정리가 끝나기 전에 "네, 알겠어요. 괜찮아요" 등의 반응이 습관적으로 툭 나와버리는 상황입니다. 이러한 사고 과정은 결국 후회를 남겨, 일에 몰입하지 못하거나 중요한 일을 처리하지 못하는 등 많은 에너지를 소모하게 합니다.

"Pay attention!" 무언가를 더 주의 깊게 보거나, 듣거나, 생각할 때 사용되는 영어식 표현으로 '주목이나 관심(attention)을 지불한다(pay)'는 의미를 내포하고 있습니다. 어떤 일을 하든 사람이 쓸 수 있는 에너지에는 한계가 있고, 대화 상황에서도 마찬가지입니다. 상대의 반응이나 의견에만 관심을 기울이면, 정작 내가 하고 싶은 말, 해야 하는 말에는 집중할 수 없습니다.

무한하지 않기에 선택이 필요한 주목과 관심을 타인에게 맞추느라 낭비하지 않았으면 합니다. 이제는 상대가 아닌 나의 감정과 생각을 살피며, 생각대로 말하는 자기표현에 관심을 기울여야 할 때입니다.

불편한 관계가 되는
선택도 필요해

사람들은 새해가 되면 계획을 세웁니다. 올해 세운 계획은 무엇이었나요? 현재의 만족도는 어떤가요? 새해 초 굳건했던 의지는 시간이 흐를수록 약해집니다. 특히 익숙해진 생활 패턴을 바꿔야 하는 계획(다이어트, 영어 학습, 금주)일수록 더욱 그렇습니다. 사람은 익숙한 대로 행동하는 걸 선호하는 '현상 유지 편향(Status quo bias)'을 가지고 있기 때문입니다.

다이어트를 예로 들어볼까요? 멋진 몸매를 갖기 위한 다이어트에 성공하려면 새로운 생활 습관을 만들어야 합니다. 퇴근 후 편안한 소파에 누워 TV를 보는 대신 매일 한 시간씩 운동해야 하고, 친구들과 삼겹살을 먹는 대신 닭가슴살 샐러드를 먹어야 합니다. 즉, 멋진 몸매를 얻는 것은 현상 유지 편향을 깨부수는 노력을 통한 결과물이며, 그만큼 다이어트는 철저한 자기 통제의 과정을 거쳐야 합니다.

현상 유지 편향은 관계와 대화에도 적용됩니다. 생각대로 말하기와 할 말을 참기 중 어떤 것이 새롭게 적응해야 하는 행동인가요? 좋은 관계와 평가를 중요하게 생각했던 저는 상대의 생각을 듣거나 수용하는 것이 익숙한 사람입니다. 하지만 이제는 어색하고 불편하더라도 내 입장과 의견을 말하는 행동을 선택하기로 다짐합니다. 관계가 상하는 것이 걱정되어, 참고 듣기만 하면 내가 원하는 삶을 살아갈 수 없기 때문입니다. 매년 새해 계획에 '생각대로 말하기'를 적는 삶보다는 실수가 있더라도 '괜찮지 않다, 싫다. 그만하라'라고 말하는 삶을 살겠습니다.

'등가 교환(Equivalent transfer)'이란 가치 있는 물건을 사려면 그만큼의 돈을 지급함을 의미합니다. 우리의 삶도 마찬가지입니다. 하루 24시간, 1년 365일, 탄생부터 죽음까지의 한정된 시간 동안, 무언가를 얻고 싶으면 무언가를 포기해야 합니다. 무례한 부탁이나 요구로부터 나를 지키고 내 생각을 표현하려면 관계의 불편함을 어느 정도는 감수해야 합니다. 더 중요한 것을 지키기 위해선 덜 중요한 것을 포기하는 수밖에 없습니다. 그리고 다행스럽게도, 우려하는 것만큼 관계가 단절되는 일은 많이 발생하지 않습니다.

'손실 회피성(Loss aversion)'이란 같은 금액이라면 손실을 이익보다 훨씬 더 크게 인식하는 현상을 말합니다. 경제학 관점에서 보자면 천만 원을 얻었을 때의 만족감과 천만 원을 잃었을 때의 상실감의 크기는 같아야 합니다. 하지만 실험 결과, 천만 원을 잃었을 때의 상실감이 천만 원을 얻었을 때의 만족감보다 2배 정도 더 컸습니다. 이처럼 손실 회피성은 위험 자산에 대한 투자를 주저하는 이유, 익숙하지 않은 행동하기에 주저하는 이유를 설명해줍니다.

관계와 대화에서도 마찬가지입니다. 현재 상황보다 더 나빠질 가능성과 좋아질 가능성이 혼재된 경우, 대부분은 나빠질 가능성에 더 무게를 두어 변화보다는 현상을 유지하는 선택을 합니다. 우리가 생각대로 말하는 것을 주저하는 이유입니다. 거절하거나 요구함으로써 상황이 나빠질 것을 더 크게 인식하는 거죠. 그러나 인식(Perceiving)과 사실(Fact)은 다릅니다. 관계를 망치는 것에 대한 두려움은 2배 정도 크게 인식된 우려이지 사실이 아닙니다. 나를 존중하는 사람이라면 생각이 다르다는 것을 표현했다고 해서, 요구를 거절했다고 해서 화내거나 실망하지 않습니다. 만약 원하는 대로

반응해주지 않았다고 싫은 내색을 보이는 상대라면, 불편한 관계가
되는 선택도 필요합니다.

　당신의 생각과 의견을 존중하지 않는 사람의 반응이나 평가 때
문에 상처받지 마세요. 그것은 그 사람의 반응일 뿐, 사실이 될 수
없습니다.

사람은 누구나 외롭다

외로움의 사전적 정의는 '홀로 되어 쓸쓸한 마음이나 느낌'을 뜻합니다. 근래에 외로움을 느낀 적이 있나요? 올해로 10살 된 딸은 하교하고 혼자 집에 있을 때, 엄마 아빠와 함께 있지만 심심할 때 외로움을 느낍니다. 어른인 저는 어떨까요? 대화를 나눌 사람은 있지만 내 마음을 몰라줄 때, 낯선 곳에서 혼자라는 느낌이 들 때, 큰 책임을 혼자 짊어져야 한다고 느낄 때, 관계에서 멀어지는 느낌이 들 때 외로움을 느낍니다. 어린이든 성인이든 외롭고 싶은 사람은 없는데, 세상에 외롭지 않은 사람은 없습니다.

삶과 죽음이 공존하는 것처럼, 외로움은 관계와 함께 공존하니다. 외로움을 느끼게 하는 요인 중 하나는 의미 있는 관계의 결여에서 비롯합니다. 힘들 때 기대거나 터놓고 이야기할 수 있는 관계, 의지가 되는 관계는 사회적 외로움(Social loneliness)과 감정적 외로움(Emotional loneliness)을 견딜 수 있게 하는 힘이 됩니다.

'사회적 외로움'은 사회적 관계망이 넓지 못하여 겪는 외로움입니다. 어딘가에 소속되지 못하거나, 힘들 때 기댈 수 있는 사람이 없다고 느껴질 때 발생합니다. '감정적 외로움'은 터놓고 이야기할 수 있는 친밀하고 깊은 관계가 없을 때 겪는 외로움입니다. 대체로 가까운 친구나 연인을 통해 충족되며, 부모나 부부 같은 가족 구성원을 통해 더 많이 충족되는 특성이 있습니다. 그렇습니다. 인간은 사회적 관계 안에서 서로 위로하고, 응원하며 외로움을 견뎌냅니다. 그러나 어떤 관계도 영속적일 수는 없습니다. 노년기가 되면 부모, 배우자, 친구와 이별하며 혼자 남는 외로움을 경험합니다. 관계를 통해 외로움을 견디지만, 시간이 흐르면 관계의 상실을 경험하며 다시 외로워집니다. 즉, 외로움은 삶의 과정에서 느끼는 자연스러운 감정 중 하나로, 희로애락과 같은 보편적 감정입니다.

때로는 사랑하는 사람과 함께 있어도, 사람들과 교류해도 외로움이 느껴질 때가 있습니다. 나와 같은 생각을 하고, 같은 것을 느끼는 사람이 없다고 여겨질 때, 또는 나를 온전히 이해해주는 사람이 없다고 여겨질 때입니다. 이러한 외로움은 '존재론적 외로움'이라 합니다. 흔히 '인간은 누구나 외롭다'라는 문장으로 표현됩니다. 이런 외로움은 아주 가깝고 오래된 관계에서도 발생합니다.

(딸) 엄마는 정말 내 마음을 하나도 몰라.

(엄마) 너도 커서 자식 낳아봐라. 그때 되면 너도 엄마 마음을 조금은 알 것이다.

(아내) 20년을 살았는데 어쩜 나를 이렇게도 모를까?

(남편) 그러는 당신은 나를 다 알아?

(친구 A) 이렇게 한 번 바꿔 봐~ 진짜 편리해.

(친구 B) 좋은 건 알겠는데… 난 기존 방법이 더 편해.

한 사람이 다른 한 사람을 있는 그대로 이해하고 아는 것이 가능할까요? 가족을 대입해 생각해보아도 제 답변은 회의적입니다. 내가 타인을 완전히 이해하지 못하는 것처럼, 타인도 나를 완전히 이해할 수 없다는 것을 인정하세요. 그러면 많은 것이 다르게 보입니다. 많은 사람에게 이해받고 싶은 마음이 무의미한 기대임을 깨닫게 되고, 온전히는 아니더라도 나를 깊이 이해해주는 사람이 곁에 있다는 것에 감사하게 됩니다. 외롭게 느껴지는 날에는 정서적으로 편안하고 믿을 수 있는 사람과 대화하세요. 한두 명이면 충분합니다. 당신을 좋아하고 아끼는 사람들과 의미 있는 시간을 보낼 때, 관계의 충만함을 느낄 수 있습니다.

당신을 잘 모르는 사람들과의 대화는 도움이 되지 않습니다. 외로워서 누군가를 만났는데 헤어진 후 더 혼자라는 느낌이 들 때가 있나요? 대상을 잘못 선택한 것입니다. 외로움을 나누기 위해 너무 많은 관계를 유지하고 확대하는 것에 시간을 쓰지 마세요.

모든 사람과 잘 지내고, 모든 관계를 잘 유지한다고 해서 존재론적 외로움이 사라지는 것은 아닙니다. 관계는 외로움을 견딜 수 있게 하는 힘이 있지만, 나와 똑같은 것을 느끼고 생각하는 사람은 존재하지 않음을 받아들이세요. 나를 온전히 이해하는 사람은 오직 자신뿐입니다. 이를 알게 된다면 외로움에 대한 두려움과 관계에 대한 불안에서 자유로워질 수 있습니다.

내 방식대로 살아가도
나는 좋은 사람

말하기를 업(業)으로 삼고 있는 '사회화된 김옥심'은 말로 표현하고 사람과 상호 작용하는 것이 자연스럽습니다. 여기까지 글을 읽고 난 후, 저는 어떤 이미지로 그려지시나요? 낯가림이 없고, 어디서든 말을 잘하는 사교성이 뛰어난 사람으로 생각되시나요? 그러나 여러분의 추측과 달리, 직업의 옷을 벗은 '김옥심'은 강의로 에너지를 소진한 후 혼자만의 시간이 꼭 필요한 내향적인 사람입니다.

타인에게 먼저 다가가기보다 다가오는 사람과 대화하는 것이 편하고, 많은 사람과 대화하기보다 소수와 대화하는 것을 선호합니다. 또한 공통 주제가 없을 때는 대화에 어려움을 느끼며 누군가와 친해지기까지 오랜 시간이 걸립니다.

때때로 타고난 말재주와 처세로 자신을 쉽게 드러내는 사람을 보면 부럽습니다. 애쓰면 어느 정도 모방할 수 있지만, 타고난 모습을 거스르며 사는 것은 피곤한 일이고 그럴수록 씁쓸함과 열등감만 커집니다. 그렇기에 다른 사람이 가진 것을 부러워하지 않고, 내가 잘할 수 있는 것에 집중하고 노력합니다.

제 강의 스타일을 선호하는 사람도 있고 그렇지 않은 사람도 있습니다. 매 순간 빵빵 터지는 강의를 해도 선호와 비선호는 나뉩니다. 좋고 싫음의 개인적인 기준이 있기 때문입니다. 따라서 모두를 만족시키기 위해 개인의 고유한 스타일을 버리는 어리석은 결정을 하지 않습니다. 안티 없는 스타는 없으며, 안티가 많아지는 것이 싫어서 자신의 스타일을 버리면 팬도 없어집니다. 인간관계도 마찬가지입니다. 상대의 스타일에 맞추거나 나를 바꾸다 보면 원래 나의 모습을 좋아했던 사람들은 떠나가게 됩니다.

다음 문항은 MBTI 검사 시, 사람들이 선천적으로 갖고 태어나는 '심리적인 선호'를 파악할 때 사용되는 문장입니다. 사람들이 편안하게 느끼는 상태는 다르며, 호불호와 옳고 그름을 판단할 수 없기에 모든 사람의 개별적인 특성은 존중되어야 합니다.

외향 (Extraversion)	· 말로 표현하는 것을 좋아한다. · 행동한 후에 생각한다. · 다수와의 다양한 관계를 선호한다. · 타인에게 먼저 다가간다.
내향 (Introversion)	· 글로 표현하는 것을 좋아한다. · 생각한 후에 행동한다. · 소수와의 밀접한 관계를 선호한다. · 타인이 다가오는 것을 기다린다.

업무적인 대화 시, 내향(I)에 가까운 사람은 즉시 회의하거나 통화하기보다 각자 주요 내용을 정리한 후 이야기 나누는 것을 선호합니다. 자신의 스타일을 알지 못한 채 외향(E)적인 사람의 업무 스타일에 따르다 보면, 스트레스가 증가하고 업무 효율이 떨어집니다. 반대의 경우도 마찬가지입니다.

말로 표현하고, 다양한 SNS 채널을 통해 자신을 드러내는 것이 익숙한 요즘, 말에 신중하고 생각이 많은 당신의 모습에 만족하지 못했나요? 그럴 수 있습니다. 그러나 당신을 좋아하는 사람들은 당신의 타고난 신중함과 배려심을 신뢰합니다. 나를 바꾸지 않고, 있는 그대로의 모습을 긍정적으로 받아들이는 우리였으면 합니다. 조심스럽게 말하고, 친밀한 관계를 맺기까지 시간이 필요한 우리 모습은 틀린 게 아니라 고유한 특성입니다.

《자유론》을 집필한 존 스튜어트 밀(John Stuart Mill)은 '자기 방식대로(His own-mode)' 사는 것의 중요성을 강조합니다. 자신의 기호를 즐기고 자신이 희망하는 것을 추구하는 개별성을 발휘할 때 행복하게 살 수 있다는 것입니다. 그러나 밀은 그렇게 산다고 해서 가장 좋은 결과를 낳는 건 아니라고도 합니다. 자기 방식대로 살다가 일이 잘못되어 후회하는 경우도 있기 때문이지요. 그러나, 그럼에도 불구하고, 자신이 선택한 길을 가게 된다면 다른 사람이 좋다고 생각하는 길로 억지로 끌려가는 것보다는 더 많은 것을 얻게 된다고 말합니다.

인간은 사회 속에서 타인과 조화를 이루고 관계를 맺는 사회적 동물이기에 개별성과 사회성의 균형이 필요합니다. 지금 당신은 균형적인가요? 저는 관계와 조화를 중시하고 나보다는 타인을 생각하는 사회성 방향으로 기울어진 삶을 살아왔습니다. 그리고 이제는 기울어진 개별성과의 균형을 맞추기 위해 '내 방식대로 사는 것'에 집중하고 싶습니다.

남들이 세워 놓은 기준에 자신을 맞추거나 바꾸지 않았으면 합니다. 완벽하지 않더라도 나일 때가 가장 편안하고 자연스럽습니다. 남들에게 해를 입히지 않는다면 내 방식대로 살아가도 당신은 좋은 사람입니다.

[Self-Coaching] 나의 하루와 마음 노트

1) 습관적으로 반복하는 생각이나 행동이 있다면 무엇인가요?

_____

_____

_____

_____

_____

2) 그중에서 멈추고 싶은 생각이나 행동은 무엇인가요?

_____

_____

_____

_____

_____

3) 그것을 멈춘다면 어떤 일이 일어날까요?

_____

_____

_____

_____

_____

PART
4

원하는 것을 요구해도
당신은 좋은 사람이다

01

나는 왜
요구하기가 어려울까?

지금 당신의 컨디션은 몇 점인가요? 100점을 기준으로 점수를 매긴 후 이유를 생각해보세요. 제 컨디션은 70점입니다. 윈도우를 업데이트하느라 오전 시간을 효율적으로 쓰지 못해 답답하고 짜증 난 상태입니다. 당신은 지금 편안하고 만족스러운 상태인가요? 아니면 불편하고 불만족한 상태인가요? 나의 감정이 어떠한지, 어떤 이유에서 이렇게 느끼는지 아는 것은 자신의 행동을 이해하는 데 매우 중요한 요소입니다.

현실치료(Reality therapy)를 개발한 정신의학자 윌리엄 글래서

(William Glasser)는 "인간은 기본적 욕구를 갖고 태어나며, 욕구를 충족시키는 방식으로 행동한다"라고 말했습니다. 이해를 돕기 위해 예를 들어보겠습니다. 여러분은 어떤 욕구를 충족하기 위해 이 책을 구입했나요? 아래에 제시한 59개의 질문은 비폭력 대화의 욕구 목록과 글래서의 다섯 가지 욕구 체계를 참고하여 개발된 문장입니다. 책을 구입한 이유에 해당하는 문장에 체크해보세요.

구분	욕구 목록	구분	욕구 목록
	고마운 마음을 표현하길 바라나요?		서로 잘 어울리기를 바라나요?
	몸, 마음이 건강하고 싶나요?		여유롭게 지내고 싶나요?
	마음을 이해받고 싶나요?		주변에 좋은 영향을 끼치고 싶나요?
	다른 사람과 함께 나누고 싶나요?		어떤 일이 일어날지 미리 알고 싶나요?
	공평하게 대하거나 대해 주기를 바라나요?		친구 사이에 우정을 나누고 싶나요?
	관심받고 싶나요?		의식주가 지금보다 더 나아지기를 원하나요?
	상황이 잘 풀리기를 기대하나요?		지금 상황을 이해받고 싶은가요?
	명확히 알고 싶나요?		인정받고 지지해 주길 바라나요?
	꿈을 이루기를 바라나요?		처음부터 끝까지 한결같길 바라나요?
	도움을 받거나 주고 싶은가요?		생각과 감정을 표현할 수 있으면 좋겠나요?

	새로운 도전을 하고 싶나요?		할 수 있다는 자신감이 필요하나요?
	돋보이고 싶나요?		자유롭게 행동하고 싶나요?
	보살핌을 받고 싶나요?		재미있기를 원하나요?
	목표를 이루고 싶나요?		능숙하게 잘하고 싶나요?
	믿고 의지하고 싶나요?		정직하고 싶나요?
	배려받고 싶나요?		다른 사람들에게 필요한 사람이 되고 싶나요?
	새로운 것을 배우고 싶나요?		존중받고 싶나요?
	보람, 만족을 느끼고 싶나요?		좋은 관계를 원하나요?
	봉사하고 싶나요?		즐거움을 원하나요?
	사랑을 받거나 주고 싶나요?		거짓 없이 진실하길 바라나요?
	원하는 것을 자유롭게 선택하고 싶나요?		규칙이나 원칙이 세워졌으면 싶나요?
	성실하기를 바라나요?		색다른 것을 해보고 싶나요?
	지금보다 나은 모습이 되고 싶나요?		친하고 가깝게 지내길 바라나요?
	소속되고 싶나요?		쾌적한 환경을 원하나요?
	서로 소통하고 싶나요?		몸, 마음이 편안하고 싶나요?
	있는 그대로 받아주길 바라나요?		사이좋게 지내길 원하나요?

	멋있게 보이고 싶나요?		풍족하기를 원하나요?
	아름다워지기를 원하나요?		노력과 시간을 잘 활용하고 싶은가요?
	몸, 마음이 안전하기를 바라나요?		휴식이나 잠이 필요한가요?
	맘껏 울고 싶나요?		

출처: 학지사 심리검사연구소 바람 카드

이 책을 통해 당신이 얻고자 하는 것은 무엇인가요? 자기표현에 조심스러운 이유를 정확히 알고 싶나요? 타인과 관계를 맺고 소통하는 데에 조금 더 능숙해지길 바라나요? 관계의 불편함을 감수하더라도 원하는 것을 요구하는 자신감을 얻고 싶은가요? 독자마다 필요하거나 원하는 욕구는 다를 수 있으나, 이 책을 읽는 분들에겐 두 가지 공통점이 있습니다.

첫째, 관계와 소통에서 결핍된 욕구를 충족시키기 위해 이 책을 선택했다는 것입니다. 둘째, 이 책을 읽고 욕구를 충족했다면 긍정 감정(만족, 즐거움, 행복 등)을 느끼겠지만, 욕구를 충족하지 못했다면 부정 감정(불만족, 실망, 슬픔 등)을 느낄 것입니다. 즉, 욕구란 무언가를 행동하게 하는 힘이자 감정의 뿌리입니다. 따라서 어떤 상황에서 기분이 나쁘거나 불편하다면 결핍된 욕구가 무엇인지 잘 살펴보아야 합니다. '그냥' 또는 '내가 왜 그런 선택을 했는지 모르겠다'라는 말에도 숨겨진 욕구와 나름의 이유가 존재합니다.

원하거나 필요한 것을 즉각적으로 말하는 사람, 지나치다 싶은 부탁을 당당히 말하는 사람에게 '요구하기'는 어렵지 않은 행동일 겁니다. 하지만 저는 부탁이나 요구하는 행동이 익숙지 않고, 불편함을 느끼는 사람입니다. 지금부터 그 이유를 찾아보겠습니다. 아래 질문과 바람 카드에 수록된 문장을 보고 아래 빈칸을 채워보세요.

당신의 스토리)

Q. 요구보다 수용함으로써 충족되는 욕구는 무엇인가요?
예) 좋은 관계를 원합니다.

욕구 1) _____

욕구 2) _____

욕구 3) _____

제 경우는 좋은 관계를 유지하고 싶고, 상황이 잘 풀리기를 기대하는 욕구가 중요했기 때문입니다. 단지 '요구하는 게 어색해서 그래' 정도의 원인 파악이 아니라 '관계가 불편해지는 것이 두렵기

때문'이라는 욕구를 아는 것이 핵심입니다. 요구하지 못하는 당신의 모습이 답답하고 실망스러운가요? 그렇게 자신을 정의하지 않았으면 합니다. 다른 사람은 몰라도 나만큼은 나의 선의를 인정해 주어야 합니다.

욕구를 충족시키는 방법은 개인의 선택에 따라 다양하므로 당신이 그랬다면 가치 있고 옳다고 믿는 이유가 있었을 겁니다. 코칭 분야에서는 '우리는 선한 의도를 가지고 있다'라는 코칭 철학을 강조합니다. 당신이 참고 견뎠던 행동 안에는 상대의 입장을 배려하는 마음, 원만한 관계를 유지하고 싶은 선한 의도가 있었음을 스스로 알아주면 좋겠습니다.

더 이상 견디지 말고
욕구와 타협하기

라디오를 듣다 보면 공감되는 사연이 많습니다. 저는 〈아름다운 이 아침, 김창완입니다〉의 애청자인데, 어느 날 '선을 넘지 맙시다'라는 주제로 접수된 사연이 소개되었습니다. 몇 가지 기억에 남는 사연을 적어봅니다. 여러분이라면 어떻게 했을지 생각해보세요.

사연 1) 오래된 친구가 있습니다. 각자 생활이 있어 자주는 못 보는데 만날 때마다 '살쪘네, 요즘 살기 편한가 보다'라고 얘기합니다. 처음에는 웃어넘겼는데, 계속 듣다 보니 기분이 나쁩니다.

사연 2) 얼마 전 회사 근처로 이사했습니다. 집이 가깝다는 이유로 퇴근 후 급한 업무 문의나 사소한 부탁을 하는 선배. 어떻게 거절해야 할지 고민됩니다.

사연 3) 팀의 리더입니다. 신입 사원이 사내 규칙을 따르지 않아서 화가 납니다. 똑같은 실수를 하지 않게 하려면 피드백해주어야 하는데, 꼰대처럼 보일까 봐 걱정됩니다.

사연 속 상황과 등장인물은 모두 다릅니다. 그러나 신청자들의 고민을 들여다보면 다음과 같은 공통된 결핍 욕구를 가집니다.

● 상황이 잘 풀리기를 바란다.
● 사이좋게 지내기를 바란다.
● 원하는 것을 자유롭게 선택하고 싶다.
● 생각과 감정을 표현하고 싶다.

위의 사연들을 결핍된 욕구의 관점으로 보면, 좋은 관계를 유지하고 싶은 욕구와 원하는 것을 자유롭게 선택하고 표현하고 싶은 욕구가 부딪히고 있습니다. "왜 싫다는 말을 못 해?"라고 쉽게 말하는 사람은 이해할 수 없는 일이지만, 남을 배려하느라 할 말을 하지 못하는 사람에게는 여간 어려운 일이 아닙니다.

부딪히는 욕구의 우위를 결정하지 못하고, 모두 중요하다고 여기면 내적 갈등을 느끼게 되고, 내적 갈등이 심화하면 '욕구 딜레마'를 겪게 됩니다. 또한 위의 사연 모두 가족, 연인, 친구, 직장 동료 등 나에게 큰 영향을 미치는 사람들, 의미 있는 타인과의 갈등이므로 시간이 지날수록 내적 갈등이 더욱 깊어지는 특징이 있습니다. 특히 직장 동료와의 갈등은 직책의 영향력이 있는 관계이므로 생각대로 말하기가 더 어렵습니다.

여러분이라면 어떤 선택을 하실 건가요? 과거의 저는 내가 참더라도 상대의 상황을 이해하는 쪽을 선택했을 것입니다. 과거에는 내 생각과 감정을 표현하는 욕구보다 의미 있는 타인과 사이좋게 지내는 욕구가 더 높았기 때문입니다. 쉽게 말해 과거에는 참고 견디는 것이 괜찮았습니다. 그러나 지금의 저는 다른 선택을 합니다. 사람은 시간의 흐름에 따라 청년기, 장년기, 노년기의 생애 주기를 경험하며 새로운 관계를 맺기 시작합니다. 부모와의 관계를 시작으로 친구, 동료, 배우자, 자녀로 확대되며 자신 또는 타인들의 다른 요구, 기대, 역할을 직면하게 되죠. '의미 있는 타인'이라도, 모든 요구를 들어주는 것은 불가능합니다.

윌리엄 글래서는 "욕구는 관계 속에서 충족되는 것이기에 모든 욕구를 충족시키며 살 수는 없다. 가장 원하는 욕구가 충족되면 다른 욕구는 조절할 수 있는 능력이 생긴다. 그러므로 행복해지는 방법은 욕구 수준을 실현 가능한 수준으로 내리거나 자신의 욕구 수준에 맞게 타협하고 이해시키는 것이다"라고 말했습니다. '내 안의 욕구 딜레마' 상황일 때는 어떤 욕구들이 부딪히고 있는지 탐색하고 타협해보세요.

타협이란 나에게 덜 중요한 것을 양보하고, 더 중요한 것은 주장하는 행위로, 상충하는 두 욕구 중 현재 더 중요하게 생각하는 욕구는 채우고, 덜 중요한 욕구는 결핍됨을 받아들이는 것입니다. 관계를 유지하고 싶은 욕구와 의사를 표현하고 싶은 욕구가 모두 높아 고민이라면, 두 욕구를 번갈아 채우는 선택을 할 수도 있습니다. 이 안에서 중요한 것은 상처 주는 말로부터 나를 지키기 위한 행동입니다. 인내가 아닌 불편함을 표현하고, 한계를 설정하세요. 그러기 위해서는 모든 사람과 사이좋게 지낼 수 없고, 불편한 관계가 되는 것을 받아들일 수 있어야 합니다.

그때 나는
정말 괜찮았던 걸까?

삶은 선택의 연속이기에 크고 작은 후회를 하기 마련입니다. 다양한 상황과 이유가 존재하겠지만, 제가 경험한 후회는 크게 두 가지로 나뉩니다. '해보지 못한 것에 대한 후회'와 '해본 것에 대한 후회'입니다. 과연 어떤 후회가 겹겹이 쌓여 큰 미련으로 남았을까요?

저는 20대 초반, 사랑니를 발치한 날. 친구들과 저녁을 먹기 위해 약속 장소로 향했습니다. 메뉴는 삼겹살! 맛있게 고기를 먹고 나니 술이 눈에 들어옵니다. 그러자 제 시선을 의식한 친구가 발치하지 않은 오른쪽으로 마시면 괜찮을 거라고 합니다. 지금 생각하면 너무 황당한 말인데 건강보다 즐거움의 욕구가 더 컸던 시절, 홀짝 홀짝 첫잔으로 시작해 결국 취할 때까지 마셨습니다. 다음 날 얻은 철없는 행동의 대가는 꽤 컸습니다. 잇몸 출혈이 멈추지 않아 응급 실을 찾아 진료받아야 했고, 예정된 토익 시험을 치르지 못했습니다. 돈도 잃고 건강도 잃었던 기억입니다. 저는 그날의 일을 후회했을까요? 네. 한동안 얄궂은 친구 탓이라는 핑계를 댔습니다. 하지만 시간이 흐르며 철없던 행동의 후회는 깨달음으로 남았습니다. 응급 실에 간 것은 친구 탓이 아닌 제 선택이 잘못되었기 때문이며, 중요한 시험이 있을 때는 즐거움보다 휴식을 취해야 한다는 걸 알게 되었죠.

경험학습 이론을 대표하는 미국의 교육학자 존 듀이(John Dewey)는 '학습은 자기 경험에 대한 반성적 성찰을 통해 이루어진다'라고 말합니다. 경험해서 생긴 후회는 스스로 돌아보고 곱씹어 보는 과정을 통해 깨달음, 삶의 지혜로 전환됩니다. 그러나 경험해 보지 않은 후회는 곱씹을 수 있는 경험이 없으므로 '만약(If)'이란 가상의 경험을 만들어냅니다. 돌이킬 수 없는 과거를 상상하며 '만약 그때 ~했더라면 어땠을까?'라는 미련으로 남는 것입니다. 결과적으로, 해 보지 못한 것에 대한 후회가 겹겹이 쌓인 미련으로 남았습니다. 예를 들어, 수능 시험을 본 뒤 아르바이트를 하고 싶었으나 엄마의 반대로 집에만 머문 것, 주례 없는 결혼식을 하고 싶었으나 개혼이라는 이유로 부모님이 원한 전통적 결혼식을 한 것은 강한 미련으로 남았습니다. 한 번뿐인 인생의 전환점에서 원하는 바를 더 주장하지 않고 너무 쉽게 부모님의 의견에 따른 것을 후회합니다. 그때는 포기해도 괜찮을 줄 알았지만 결국 해보지 못한 것에 대한 후회는 빛바랜 사진처럼 저장되어 현재의 삶에 영향을 줍니다. 여동생이 수능 끝나고 아르바이트를 했을 때, 주례 없는 결혼식을 했을 때 자신이 원하는 대로 사는 동생이 부러웠고, 원하는 대로 행동하지 않은 나에 대한 자책과 공평하게 대해 주지 않은 부모님에 대한 서운함, 그러고는 또 가족을 미워한다는 죄책감에 괴로웠습니다. 지금도 그때의 선택을 후회할까요? 네. 하지만 계속해서 가족을 미워하거나 '만약'이란 말로 나를 괴롭히지는 않습니다. 이미 지나간 과거를 애잔하게 돌아봐도 시간을 되돌릴 수 없다는 것을 알기 때문입니다. 많은 사람이 과거에 대한 후회 때문에 소중한 현재를 놓치고는 합니다. 우리가 가진 시간은 오로지 현재뿐인데 과거 때문에 힘들어하는 것은 바람직하지 않습니다. 누구에게나 후회는 있으니 과거의 선택이 후회된다면 현재에는 다른 선택을 하면 됩니다.

'철'은 때를 의미하는 순우리말입니다. 철이 든다는 것은 때를 아는 것이며, 이는 적절한 때가 언제인지 구분할 줄 안다는 의미입니다. 다른 사람의 요구, 그것이 가족의 부탁일지라도 '수용하지 말아야 하는 때'가 있습니다. 선택에 따른 최종 결과를 받아들이고 책임을 져야 하는 사람이 '나'여야 하는 순간입니다.

자신이 원하는 것을 사소하게 여기고 '괜찮을 거야'라는 마음으로 넘기지 마세요. 타인의 만족이 중요한 만큼 나의 만족도 중요합니다. 다른 사람의 욕구를 채우는 것에만 익숙해지면 내가 원하는 것은 시시한 것이라 여기게 됩니다. 그러니 다른 사람들에게 너무 맞추어주는 사람이 될 필요는 없습니다. 당신이 원하는 것이 무엇인지 관심을 기울이고 목소리를 내어 보세요. 목소리를 내는 것만으로도 후회스러운 과거에서 벗어나 현재를 사는 삶이 시작됩니다.

원하는 바를 요구하기

원하는 바를 표현하는 데는 연습이 필요합니다. 내 생각과 감정을 보유하는 것이 익숙했던 대화 패턴을 바꾸는 데는 시간이 필요하기 때문입니다. 다른 사람의 이야기에 주파수를 맞추고 귀 기울였던 것처럼 자신이 원하는 것에도 주파수를 맞춰 밸런스를 유지하려는 노력이 필요하죠.

원하는 바를 말하지 못해 고민 중인 사안이 있나요? 이번 장에서는 코칭의 접근법을 통해 원하는 바를 표현하는 법을 연습할 것입니다. 참고로 코칭이란 '개인이 세운 목표를 근거로 스스로 생각하고, 해답을 찾도록 돕는 전문 코치와의 파트너십'을 말합니다. 이번 연습에서는 대화에 부분적으로 활용하는 방식으로 진행할 예정입니다. 요구하지 못해 고민 중인 상황을 적어보세요.

예 1) 회의록 작성을 지시하고 싶은 리더 vs 회의록 작성이 필요 없다고 말하는 팀원

예 2) 수능이 끝나고 아르바이트를 하고 싶은 나 vs 아르바이트를 반대하는 엄마

당신의 스토리)

Q. 누구와의 갈등인가요?

_____

_____

Q. 어떤 상황인가요?

_____

_____

코칭 대화는 일반 대화와 몇 가지 다른 특성을 보이는데, 가장 큰 차이는 구조와 방향성입니다. 코칭 대화는 개인이 세운 목표로 한 걸음씩 나아가게 하는 대화 기술을 사용합니다. 여기에서는 뒤

를 돌아보게 하는 질문이 아닌, 스스로 세운 목표를 향해 나아가게 하는 '탐색 질문(Questions For You)'을 사용하겠습니다.

[상황] 회의록 작성을 지시하고 싶은 리더

탐색 질문 1) 당신이 원하는 바는 무엇인가요?

팀원이 회의록을 작성해 공유했으면 좋겠습니다.

탐색 질문 2) 원하는 바가 이뤄진다면 좋은 점(value)은 무엇인가요?

담당자가 업무 진행 상황을 알 수 있고, 상호 업무 문의와 대응이 활발해져 업무 효율이 올라갑니다.

탐색 질문 3) 현재는 어떤 상황인가요?

회의록 작성이 이뤄지지 않아서 매번 구두로 문의해야 하고, 업무가 공유되지 않다 보니 시간이 낭비됩니다.

탐색 질문 4) 상대에게 요청하는 바는 무엇인가요?

다음 회의부터 회의록을 작성해주면 좋겠습니다.

실제 코칭 현장에서는 코치인 제가 질문하고, 고객이 대답하는 형태로 진행되지만, 책으로 연결된 코칭이기에 스스로 질문하고 답변하는 셀프 코칭의 방법을 안내합니다. 스스로 코치가 되어 묻고 답하는 과정을 통해 원하는 것이 무엇인지 자신만의 해답을 찾아보세요.

당신의 스토리)

1) 당신이 원하는 바는 무엇인가요?
(이슈 상황에서 당신이 가장 원하는 모습을 적어보세요)

_____

_____

2) 원하는 바가 이뤄진다면 좋은 점(value)은 무엇인가요?
(이상적인 미래의 모습이 당신과 상대에게 미치는 영향력과 의미에 대해 적어보세요)

_____

_____

3) 현재는 어떤 상황인가요?
(현재 상황과 겪고 있는 어려움을 적어보세요)

_____

_____

4) 상대에게 요청하는 바는 무엇인가요?
(원하는 바를 이루기 위해 상대에게 요청하는 바를 적어보세요)

_____

_____

완벽하게 적지 않아도 괜찮습니다. 다음 파트에서 원하는 바를 효과적으로 요구하는 방법을 다룰 예정이므로 앞으로 보완해나가면 됩니다. 중요한 것은 잠시 멈추고 스스로 묻고 답하는 과정을 통해, 원하는 것을 탐색하는 것입니다.

코칭에서는 '해답은 당신 안에 있다'라는 코칭 철학을 강조합니다. 내 인생의 전문가는 나 자신이므로 누군가가 정해준 답이 아니라 나를 탐색하는 과정을 통해 얻은 해답이 의미 있습니다. 선택에 따른 최종 결과를 내가 책임져야 하고, 내 인생의 중요한 순간에는 시간이 걸려도 괜찮습니다. 유창하게 말하지 않아도 괜찮습니다.

잠시 멈추고, 탐색 질문을 활용해 당신의 생각을 정리하고 말해보세요. 결과가 어떻든 원하는 것을 요구해보는 것만으로 나의 삶을 설계하고 선택할 힘이 나에게 있음을 느낄 수 있습니다.

요구해도 바뀌지 않는다는 말에
현혹되지 말자

나이가 들수록 나의 존재를 기억하고 축하해주는 사람이 있다는 것에 감사함을 느낍니다. 얼마 전, 친구의 생일 축하 모임에서 있던 일입니다. 축하 인사를 나누는 중, 친구가 "우리 남편은 내가 먼저 생일이라고 말하지 않으면 깜빡하더라"라고 말합니다. "그럼 생일 전날, 꽃 사 오라고 얘기해보는 건 어때?"라고 제안하자, 친구는 "싫어. 어차피 얘기 안 하면 기억도 못 하는데 뭐. 말해도 안 바뀌어"라고 합니다. 예상한 답변입니다. 많은 사람이, 불만이 있으면 참지 말고 말해보라는 제 조언에 이런 반응을 보입니다. 보통 "얘기하면 불편한 내색을 해요", "소귀에 경 읽는 것처럼 내 입만 아파요. 안

바뀝니다", "사람은 잘 바뀌지 않습니다"라고들 합니다.

어렵게 말을 꺼냈는데 상대의 반응이 예상과 다르다면 실망감을 느끼는 것은 당연하고, 이러한 경험이 반복되면 '요구해도 소용없다'라는 결론을 내리게 됩니다. 만약 요구해도 변하지 않는 상대가 있다면 당신은 어떤 선택을 할 건가요?

① 내가 포기하고 상대에게 맞춘다.
② 포기하지 않고, 내 의견을 말한다.
③ 변하지 않는 상대와 거리를 둔다.

피할 수 있다면 ③도 도움이 되는 처세입니다. 변하지 않는 상대와 거리 두기는 파트 6에서 자세히 소개할 것입니다. 그리고 이번 장에서는 건강한 관계와 소통을 위해 ②를 제안합니다. 개인적으로 ①은 관계의 단절로 가는 과정이기에 추천하지 않습니다.

독일의 심리학자 커트 레빈(Kurt Lewin)은 '장이론(Field theory)'을 통해 다음과 같이 말합니다. "유기체를 이해하기 위해서는 고립된 개체가 아니라 환경 속에 있는 장의 부분으로서 개체를 보아야 한다". 즉, 참는 행동 자체만 보는 것이 아니라, 그 행동이 자신과 상대에게 어떤 영향을 주는지까지 살펴야 한다는 말입니다. 내가 속한 환경은 거미줄처럼 연결된 유기체이기에 서로에게 자극을 주고 영향을 미칩니다. 그러므로 마냥 참고 견딘다면 나만 참아야 하는 시간은 길어지고 정도도 강해질 것입니다. 관계에 있어 참는 행동만으로는 아무것도 바꿀 수 없고, 말하지 않으면 알 수도 없습니다.

요구해도 바뀌지 않는다고 포기하면 상황이 나아질까요? 아닙니다. 나는 또다시 참고 견디는 행동을 반복해야 하고, 상대는 실수를 깨닫고 수정할 기회를 얻지 못하게 되므로 건강한 선택은 아닙니다. '요구하기'는 의견이나 입장의 차이에 대해 나의 생각과 요구 사항을 적극적으로 전달하는 노력이며 몇 번의 이벤트가 아닌 삶의 지속적인 과정이 되어야 합니다.

지금부터는 효과적으로 요구하기 위해 점검이 필요한 표현들에 대해 알아보겠습니다.

[상황] 휴가 가기 전 팀원 간 업무 인수인계가 이루어지지 않은 문제 발생

1) 평가가 아닌 관찰할 수 있는 행동으로 표현하는가?

(A) 이런 행동은 무책임한 태도입니다. (평가)

(B) 휴가 가기 전, 팀원 간 업무 인수인계를 하지 않은 행동은 무

책임한 태도로 느껴집니다. (관찰한 행동 + 평가)

위의 답변에서 A는 개인의 판단일 뿐입니다. '무책임한 태도'라는 표현만으로는 상대가 자신의 말과 행동을 구체적으로 알 수 없기에 모호합니다. '상대의 행동이나 태도를 관찰 가능한 행동으로 구체적으로 표현하는 것'이 중요합니다. 상대의 행동을 관찰하고, 무책임하게 느껴진 행동 지표를 찾아서 말하세요.

2) 극단적인 일반화로 상대의 인격이나 성격을 비난하지 않았는가?

(A) 휴가 때마다 늘 이런 식이죠? 업무 인수인계는 기본 아닌가요? (극단적 일반화 + 비난)

(B) 작년에도 같은 건으로 업무 인수인계의 중요성을 얘기했는데요. 올해도 똑같은 실수가 반복되니, 피드백을 귀담아듣지 않는 것 같습니다. (관찰한 행동 + 평가)

부정적 정서를 자극하는 '늘, 도대체, 항상'이라는 표현으로 행동을 일반화하지 말아야 합니다. 실수한 팀원이 A의 문장을 듣는다면 어떤 태도를 취하게 될까요? 자신의 실수를 인정하기보다 '내가 언제 늘 그랬다는 거야? 지난 일까지 얘기하는 거야? 지금 나를 기본도 안된 사람이라고 보는 건가?'라는 생각이 들어 공격적 태도를 취하게 될 것입니다. '늘, 도대체, 항상'이라는 표현은 극단적 일반화가 되어, 이야기를 듣는 사람의 인격이나 성격에 문제가 있다는 뉘앙스를 풍기게 됩니다. 말하는 사람에게 비난할 의도가 없었다고 해도 듣는 사람은 비난받았다고 느끼는 아이러니한 상황이 연출될 수 있습니다. 또한, 비난은 부정적 정서(화, 분노, 미움)를 자극하기에 이성적으로 생각하고 행동하는 힘을 빠르게 빼앗아 갑니다. 따라서 상대에게 나의 요구를 왜곡 없이 전달하기 위해서는 극단적 일반화와 비난의 표현에 주의해야 합니다.

3) 긍정적이고 구체적인 단어로 말하는가?

(A) 다음부터는 이런 일 없도록 주의해주세요. (추상적)
(B) 앞으로 휴가 가기 전에 팀원 간 업무 인수인계 진행 여부와 결과를 보고해주세요. (구체적)

요구할 점은 앞으로 할 일에 초점을 맞추는 방향으로 긍정적이고 구체적인 단어로 말해야 합니다. 첫째, 모호한 표현이 아닌 관찰과 측정할 수 있는 행동(상호 간 업무 인수인계)으로 구체적으로 말하세요. A의 말은 듣는 사람에게 추상적입니다. '이런 일 없도록'은 무엇을 말하는 것인지 파악하기 어렵고, '주의해주세요'는 무엇을 주의해달라는 것인지 명확하지 않습니다. 반면, B의 말은 매우 구체적입니다.

둘째, 문제 상황을 계속 환기하는 것이 아니라, 원하는 모습과 해결 방법에 초점을 맞추는 방향으로 말해야 합니다. 문제의 원인을 말하는 것도 중요하지만, 지속하면 질책과 비난의 의미로 확대되어 부정적 정서를 자극합니다. '좋은 말도 세 번 하면 듣기 싫다'라는 속담이 있듯이, 자신의 실수를 반복해서 듣고 싶은 사람은 없습니다.

셋째, 상대에게 요구하는 마지막 문장은 긍정적이고 구체적으로 표현하세요. 정보가 차례대로 진행되는 경우, 앞의 내용보다 마지막에 제시된 내용을 더 잘 기억하는 현상인 '최근 효과(Recent effect)'가 발생합니다. 문제 행동을 하지 말라고 하기보다 '내가 원하는 것이 무엇이고, 상대가 어떻게 해주면 좋겠는지'를 긍정적이고 구체적인 단어로 말하는 것이 중요합니다. '하지 마세요'라는 표현을 '해주세요'로 바꿔서 말하는 방법도 도움이 됩니다.

금지형	· 지각하지 마세요. · 업무 외의 전화는 사무실에서 통화하지 마세요. · 식당에서 큰소리 내면 안 돼요.
청유형	· 9시까지는 출근해주세요. · 업무 외 전화는 사무실 밖에서 통화해주세요. · 식당에서는 가족들에게만 들리는 소리로 얘기해주세요.

누구나 살아온 삶의 역사와 자기중심성이 있기에 변화에는 노력과 시간이 필요합니다. 그러므로 몇 번의 요구만으로 상대가 바뀔 거라는 기대는 내려놓는 게 좋습니다. 또한 기대가 크면 실망도 큰 법이죠. 윌리엄 글래서는 선택 이론을 통해 "인간은 오로지 자기 자신만을 통제할 수 있다"라고 말하며, 다른 사람이 어떤 행동을 하도록 통제할 수 없고, 다만 그들에게 정보를 줄 수 있을 뿐임을 강조합니다.

당신에게는 포기와 요구 두 개의 선택지가 있으며, 어떤 선택을 하든 책임은 당신 몫입니다. 당신이 바꿀 수 있는 것은 자신뿐! 요구해도 바뀌지 않는다는 말에 현혹되지 말고, 상대에게 원하는 것을 요구하세요.

[Self-Coaching] 나의 하루와 마음 노트

1) 원하는 바가 이뤄진다면 나와 상대에게 좋은 점(value)은 무엇인가요?

_____

_____

_____

_____

_____

2) 상대가 달라지지 않는다면 결국 어떻게 될까요?

_____

_____

_____

_____

_____

3) 타협할 수 없는 중요한 사안이라면, 무엇을 달리 시도해볼까요?

_____

_____

_____

_____

PART
5

나에게 맞는 대화법을
상대에게 각인시켜라

건강한 말 경험 쌓기

미국의 교육학자 존 듀이의 경험학습 이론은 '행함으로써 배운다(Learning by doing)'라는 말에 잘 나타납니다. 그에 따르면 경험은 능동적으로 '해보는 것(Trying)'과 수동적으로 '겪는 것(Undergoing)'의 결합으로, 사람의 성장은 지속적으로 상호 작용하는 사고 과정을 통해 이루어진다고 말합니다.

'해보는 것'의 능동적인 경험은 누구나 선택할 수 있습니다. 이번 주말에 무엇을 할 것인지부터 어떤 삶을 살 것인지까지 말이죠. 그러나 '겪는 것'이라는 수동적 경험은 나를 둘러싼 환경으로 인한 것이므로 통제할 수 없습니다. 어떤 가정에서 태어나는지, 최선을 다했으나 결과를 결정할 수 없는 것 등이 해당합니다.

성장하는 사람은 바꿀 수 없는 환경을 탓하기보다 '그럼에도 불구하고' 해볼 수 있는 것은 무엇인지, 다르게 시도할 수 있는 것은 무엇인지를 탐색하고 생각하며 삶을 재구성하는 사람입니다. 예를 들어, 어디를 가도 나와 잘 맞지 않는 사람은 존재하며, 무례한 상대가 내뱉는 말은 통제할 수 없습니다. 이는 관계와 대화에서 겪어야 하는 경험이자, 불편한 자극 요소입니다. 그러나 건강한 말 경험을 쌓아 성장하는 사람은 '상대의 불편한 말에 어떻게 반응할 것인가?', '어떤 사람과 관계를 맺고, 유지할 것인가?'를 능동적으로 고민하고, 반응합니다.

안타깝게도 저는 가까운 가족부터 심리적으로 거리가 먼 타인까지, 관계에서 받는 다양한 자극을 수동적 경험으로만 받아들였습니다. 통제할 수 없는 요소이기에 달라지는 건 없다고 결론 내리고, 참고 견디는 쪽을 선택했죠. 능동적으로 시도해보지 않은 이유는 두 가지 정도로 추측합니다. 하나는 말과 관계에 조심성이 많고 신중한 저의 성격이 반영된 것이고, 또 하나는 환경적 영향으로 나의 의견을 주장하거나 거절하는 말 경험이 부족했기 때문입니다.

언어를 습득하는 과정은 의식적인 학습과 훈련을 통해 발달합니다. 자전거 타기나 요리를 배우는 것처럼 기술을 학습하고 반복 연습하며 언어 습관을 형성하는 것입니다. 그 과정에서 가장 많은 영향을 주는 요소는 가장 가깝게 오랜 시간을 보내는 부모의 언어 습관입니다. 제 부모님은 여유롭지 못한 가정의 장남, 장녀로 태어나셨고, 욕심내기보다는 양보를, 요구하기보다는 수용을, 갈등보다는 조화로운 관계를 유지하는 삶을 사셨습니다. 특히 아버지는 결단력이 부족해 친척과 지인의 부탁을 거절하지 못하셨고, 어머니는 이런 아버지에 대한 불만을 저와 동생에게 넋두리할 뿐, 혼자 참고 견디는 선택을 하셨습니다. 비단 제 부모님의 이야기는 아닐 것입니다. 예전에는 가정을 이끄는 남성 연장자의 의사 결정권이 강했으니까요.

부모님끼리의 대화에서 서로의 입장과 의견 차이를 조율하고 무례한 부탁이나 요구를 거절하는 방식을 보고 자랐다면 좋았겠다는 아쉬움은 있지만, 부모님을 원망하는 마음은 없습니다. 부모님을 탓하는 태도는 현재의 삶을 변화시키는 데에 아무런 도움이 되지 않기 때문입니다. 부모님이 저의 모든 선택을 온전히 이해할 수 없듯이 저 또한 부모님의 삶을 온전히 이해할 수는 없습니다.

건강한 말 경험이 부족했다면 지금부터 새로운 경험을 축적하면 됩니다. 타인을 바꿀 수는 없지만, 타인을 대하는 나의 태도와 반응, 관계의 범위와 깊이는 내가 결정할 수 있습니다. 계속 같은 자리에 앉아서 과거를 돌아보고 현재를 참고 견디며 '시간이 흐르면 달라지겠지', '내 노력을 알아주겠지' 생각하는 수동적 행동으로는 아무것도 변화시킬 수 없습니다.

수동적 행동에서 벗어나고 싶다면 자신을 지키고 존중하는 능동적 표현을 학습하고 연습하세요. 코칭 철학에서는 '사람에게는 무한한 가능성이 있다'라고 합니다. 푹푹 찌고 뜨거운 여름이 계속될 것 같지만, 가을은 조금씩 다가옵니다. 그리고 어느새 겨울이 되고, 다시 봄이 옵니다. 계절이 변화하는 것처럼 나의 감정과 생각을 능동적으로 표현하는 말 경험을 매일 쌓다 보면 지금보다 정서적으로 건강하고 성장한 미래의 나를 만날 수 있을 것입니다.

다음 파트에서는 말에 대한 과거의 경험에서 벗어나 나와 다른 생각을 조율하고, 거절하는 실질적인 방법을 안내합니다. 나와 타인의 경계선을 명확하게 하는 건강한 말 경험을 쌓는 것에 도움이 될 것입니다.

02

추측하지 말고
솔직하게 물어보기

얼마 전, tvN 프로그램 〈유 퀴즈 온 더 블록〉에서 스포트라이트를 받는 삶은 아니지만, 묵묵히 자기 일을 해나가는 숨은 조력자들을 주인공으로 한 회차가 있었었습니다. 그곳에 나온 대한민국 피아노 조율사 이종현 명장의 인터뷰를 공유합니다.

"피아노는 줄만 220~230개입니다. 조금만 음이 어긋나도 화음이 안 맞기 때문에 음 하나를 결정하려면 위아래 음에게 물어야 합니다. '내가 이곳에 있어도 되는가?' 모두가 오케이 하면 음 하나가 결정되죠. 따라서 피아노 조율에 걸리는 시간은 한 시간부터, 세계적인 피아니스트 수준에 맞게 조율할 때는 최대 20~30시간이 소요됩니다. 이와 같은 조율을 통해 최상의 피아노가 만들어지고 연주자는 최상의 연주를 할 수 있게 됩니다"

피아노를 조율하는 과정과 의견 차이를 조율하는 과정이 많이 닮았다는 생각이 듭니다. 아름다운 소리를 내기 위해 음을 조율하는 것처럼 의미가 통하는 대화를 위해서는 서로 '내가 이해한 내용이 맞는가?'를 묻고 확인하는 조율 과정이 필요하기 때문입니다. 사람들 대부분이 자신이 알고 있는 지식, 경험, 언어가 객관적 사실이라고 믿지만, 사실 주관적 판단인 경우가 많습니다. 이해를 돕기 위해 제시된 다음 상황을 읽고, 질문에 답해보세요.

[상황] 대화 중 상대가 한숨을 쉰다

1) 당신이 떠올린 상대는 누구인가요?

가족, 연인, 친구, 동료 등 의미 있는 타인을 생각해볼 것을 제안합니다. 지나가는 인연의 한숨은 큰 의미를 부여하지 않아도 됩니다. 다시 만나지 않으면 되니까요. 하지만 의미 있는 타인이 내뱉은 한숨이라면 상황은 달라집니다.

2) 상대의 한숨을 쉬는 행동이 어떻게 느껴지나요?

88쪽의 욕구 목록을 참고해서 생각해보세요. 저는 인정 받지 못하는 느낌이 들고 무엇이 문제인지 정확하게 알 수 없어 답답하게 느껴집니다. 그리고 상황이 반복되면 불쾌하고, 화가 나고, 상대방이 싫어질 것 같습니다.

3) 어떻게 반응할 건가요?

상대방과의 신뢰 관계에 따라 반응은 달라집니다. 신뢰가 있는 관계라면 당시에 느낀 감정을 솔직하게 전달해도 안전합니다. 까다로운 경우는 신뢰가 쌓이지 않았거나 무너진 관계, 위아래가 있는 관계에서의 반응입니다. 조직에서는 상사가 "편하게 이야기해 봐"라고 말해도 솔직한 마음을 이야기하기 어렵습니다. 내 말이 상사에게 어떤 의미로 들릴지 생각하지 않을 수가 없고, 인사고과에 영향을 받을까 봐 조심스럽기 때문입니다. 이럴 경우는 윗사람에게 자기 생각을 적시에, 적절하게 말할 수 있도록 연습해야 합니다.

4) 상대방은 어떤 의미로 한숨을 쉰 것일까요?

'답답해서, 기대와 달라서, 말이 안 통해서, 나를 싫어해서' 등 다양한 의견이 나올 수 있습니다. 하지만 의견은 어떤 대상에 대해 가지는 개인의 생각일 뿐이므로 객관적 사실이 되지는 못합니다. 상대방이 내뱉은 한숨의 의미와 내가 주관적으로 느낀 생각 사이에는 차이가 존재합니다.

아래는 모 기업의 직책별 인터뷰 중, 관찰 가능한 행동만 정리한 문장입니다. 한숨에 관한 팀원과 팀장의 생각이 매우 다른 것을 알 수 있습니다.

[팀원 입장]

팀장님께 보고서를 제출했습니다. 잠시 후, 팀장님께서 형편없다는 듯 한숨을 쉬셨어요. 피드백할 만한 수준도 아니라고 생각하시나 봐요. 동료들이 있는 사무실에서 그런 반응을 보이시니 자존심이 너무 상합니다.

[팀장 입장]

팀원이 작성한 보고서를 보는 중이었어요. 요즘 친구들은 피드백에 민감해서 어디서부터 어디까지 말해줘야 할지 고민이 되어 한숨이 나옵니다.

양쪽의 의견을 들은 저로서는 안타깝고 답답한 마음이 든 사례였습니다. 팀장이 한숨을 쉰 이유와 팀원이 받아들인 한숨의 의미에는 큰 차이가 있었습니다. 이처럼 많은 오해가 추측에서 비롯됩니다. 조율이 잘된 소리가 아름답듯 조율이 잘된 대화는 상호 만족도가 높습니다. 대화란 마주 대한 상태로 이야기를 주고받는 과정으로, 이해한 바를 묻고 확인하는 과정이 필수입니다. 상대방의 말이나 행동의 의미가 모호할 때, 잘 모르는 내용일 때, 생각을 확인받고자 할 때는 '조율 질문(Tuning Question)'을 활용해 의견 차이를 좁혀보세요.

조율 질문 1) 당시 느껴지는 나의 생각이나 느낌을 질문 형태로 표현하세요. "~이렇게 생각되는데요?", "~이렇게 느껴지는데요?"의 방법으로 표현하는 것입니다.

- 작성된 보고서가 만족스럽지 않으신가요?
- 팀장님, 피드백 내용이 너무 많나요?
- 다시 작성해야 하는 수준인가요?

불편하게 느낀 말이나 행동에 대한 주관적 느낌을 간결한 질문 형태로 바꾸어 묻는 것부터 시작하세요. 자신이 이해한 바를 확인받는 것만으로도 많은 오해와 감정 소비를 줄일 수 있습니다. 상대와 나는 생각이 다르기에, 같은 것을 들어도 이해는 다를 수 있습니다. 혼자 지레짐작하는 것은 위험합니다.

조율 질문 2) 추측하지 말고 명확한 의미를 물어보세요. 필요하다면 구체적인 예시나 사례를 요청하면 좋습니다. "~는 어떤 의미인가요?", "이 단어의 의미는 무엇인가요?" 등을 사용할 수 있습니다.

- 여기서 CS는 어떤 의미인가요?
- R.F.P는 어떤 문장의 약자인가요?
- 이 부분을 조금 더 구체적으로 말씀해주실 수 있나요?
- 예를 들어 설명해주시겠어요?

명확한 의미를 파악하기 위한 질문은 신입 사원 교육 때 특히 강조하는 내용입니다. 업무를 파악하지 못한 상태에서, 모호하게 느낀 말을 짐작하기보다 정확히 물어 오해하지 않기 위함입니다. 혹시 '너무 쉬운 질문인가? 나만 모르는 건가?' 하며 망설이고 있나요? 누구나 똑똑하고 유능해 보이기를 원하므로 그럴 수 있습니다. 이렇게 질문하기 전에 다른 사람의 반응과 평가를 추측하게 되는 현상을 '인간관계에 대한 두려움'이라고 합니다. 오늘날 조직에서, 일상생활에서 자기 생각이나 질문을 자유롭게 말하지 못하는 이유이기도 합니다. 그러나 섣불리 판단하지 않고, 나의 생각이나 느낌이 맞는지를 묻고, 정확하지 않은 의미를 묻는 것은 무지한 게 아니라 겸손한 태도입니다. 미국의 심리학자이자 조직 개발 전문가 에드거 샤인은 '겸손한 질문이란 상대방에 대한 호기심과 관심을 극대화하고, 상대방에 대한 편견이나 선입견을 최소화하는 것'이라고 정의한바 있습니다.

오늘 당신은 의미 있는 타인과 어떤 대화를 나눴나요? 시간만 채우는 대화가 아닌, 서로의 진심을 나누는 의미 있는 대화를 하고 싶다면 추측하지 말고 솔직하게 물어보세요.

상대의 기분에
맞추지 말고 거절하기

말에는 무게가 있습니다. 그렇기에 무심코 뱉은 말 한마디로 인해 누군가는 깊은 상처를 입고, 누군가는 다시 살아갈 힘을 얻기도 하죠. 상황에 맞게 말하기 위한 연습이 필요한 이유입니다.

이번 장에서는 '거절'이 가진 힘에 관해 이야기하겠습니다. 당신은 거절해야 할 상황에 의사를 잘 표현하는 사람인가요, 거절을 어려워하는 사람인가요? 저는 타인의 부탁이나 요청을 거절하기 어려워했던 사람입니다. 상대의 기분이 상하는 것을 걱정했기 때문입니다. 그러나 이현정 작가의 《세상에서 가장 힘이 센 말》을 읽고, 거절의 두려움에서 자유로워졌습니다. 이현정 작가는 저서에서 '너도나도 기분 좋은 말이 있다. 행복해! 신난다! 감동이야! 뿌듯해! 재미있다!', '너도나도 기분 상하는 말, 하지만 때로는 나를 지키는 말이 있다. 싫어, 미워, 안 해, 아니야, 저리 가, 나 정말 화났거든? 그래서 뭐?'라고 했습니다.

불편함이란 몸이나 마음이 편하지 않고 괴로운 상태를 말합니다. 그리고 거절 상황에는 상대도 나도 이런 불편한 감정을 느낍니다. 거절당한 사람은 기대와 다른 상대의 반응에 실망감을 느끼고, 다른 사람에게 다시 부탁해야 하는 상황이 괴롭고 불편합니다. 거절해야 하는 사람은 거절해도 불편하고, 안 해도 불편합니다. 거절하면 '상대와 관계가 상하지 않을까?', '너무 단호하게 거절했나?', '도와줄 걸 그랬나' 등의 생각으로 괴롭고, 거절하지 않으면 '괜히 도와준다고 했어', '거절해야 했는데' 하며 거절하지 못한 나를 탓하느라 괴롭습니다. 어쨌든 거절 상황에는 너도나도 기분이 상하고, 내가 느낀 불편함이 내 몫인 것처럼, 상대가 느낀 불편함은 상대 몫이어야 합니다. 상대의 기분과 만족을 거절의 기준으로 삼지 않았으면 합니다. 상대의 불편함만 염려하지 말고, 당신의 기분과 상황을 생각하고 결정하세요. 상대를 염려한 선택의 결과가 늘 좋은 것은 아니므로 당신을 위한 선택을 해도 괜찮습니다. 이해를 돕기 위해 최근에 거절이 필요했거나, 거절하지 못해 후회했던 상황을 떠올려 다음을 작성해보세요.

예 1) 퇴근 한 시간 전, 같이 저녁을 먹자는 상사

예 2) 이번 주말, 가족 여행을 가자는 배우자

예 3) 내 노력이 담긴 자료를 공유해달라는 동료

당신의 스토리)

Q. 누구의 제안인가요?

_____

_____

Q. 어떤 상황인가요?

_____

_____

제시한 예는 거절하지 않은 것을 후회했던 저의 경험입니다. 거절하지 못해 예정에 없던 저녁을 먹으며 즐겁지 않은 시간을 보냈던 것, 거절하지 못해 일거리를 잔뜩 들고 가족 여행을 갔다가 일도 여행도 즐기지 못했던 것, 거절하지 못해 공유용 자료를 다시 만드느라 시간을 낭비했던 것 모두 후회의 경험입니다. 동료의 부탁을 거절하지 못해 공유용 자료를 편집하던 일은 '내가 지금 뭐 하는 짓인가' 자책도 했습니다. 쿨하게 공유하지도 못하고, 단호하게 거절하지도 못한 저에게 실망하기까지 했으니까요.

그렇다면 위의 상황들에서 상대는 만족했을까요? 알 수 없습니다. 원치 않는 식사 자리에 앉아 있는 제 표정이 어땠을지 알 수 없고, 여행 중 툴툴대는 저 때문에 가족들이 눈치를 보았을 수도 있습니다. 요청한 자료가 아닌 편집본을 받은 동료의 반응도 알 수 없습니다. 그것은 상대가 주관적으로 느끼는 감정, 기분, 평가에 따르므로 묻지 않으면 알 수 없고, 묻더라도 진실을 듣지 못할 수도 있습니다.

가장 안타까운 상황은 상대의 기분과 만족을 위해 애쓴 노력이 만족스럽지 않은 평가로 이어질 때입니다. 기분과 만족은 주관적인 느낌이기에 사람에 따라, 상황에 따라 달라집니다. 수시로 변하는 상대의 기분을 맞추고, 만족을 주기 위해 거절하지 못한 책임은 온전히 당신의 몫이 됩니다. 거절에는 당신의 삶을 지키는 힘이 있다는 점을 기억하고 NO라고 거절해보세요.

04

상대의 욕구는 이해하되
부탁은 거절하기

거절에 대한 건강한 해석이 거절의 민감함에서 자유로워지기 위한 첫걸음입니다. 거절은 상대의 요구, 제안, 부탁에 대한 의사 표현일 뿐, 좋은 사람과 나쁜 사람을 나누는 기준이 아닙니다. 따라서 다음과 같은 상황에서는 '거절 기술(Refusal skills)'을 적용해 당신의 의견을 표현해보세요. 보통 거절은 '상대의 제안을 수용하기 어려운 경우, 도움을 주기 어려운 경우, 부탁을 가장한 무례한 요청인 경우'에 행합니다.

거절 기술 1) 거절의 이유를 명확하게 설명하세요. 무례한 부탁, 정중한 부탁, 사소한 부탁, 중대한 부탁 등 어떠한 거절 상황에서든 기본이 되는 표현입니다. 특히 의미 있는 타인의 제안일수록 구체적인 이유를 제시하는 것이 안전합니다. 이유가 명확하지 않으면 설득력이 떨어지고 핑계로 들릴 수 있습니다.

● 한 달 전에 잡은 선약이 있어서 참석이 어렵습니다.
● 월말까지 마무리해야 할 프로젝트가 있어서 이번 달 가족여행은 힘들겠어.
● 개인 자료 공유는 데이터가 중복될 수 있어 어렵습니다.

성숙한 어른은 자신의 말과 행동에 대한 이유를 설명할 수 있어야 합니다. 상대의 부탁을 거절한 것이 미안하다면, 정확히 이유를 말하고 도와주지 못해 미안하다고 말하면 됩니다. 잠깐의 미안함 때문에 YES를 할 필요는 없습니다. 건강한 대화는 상대가 원하는 대로 맞추는 것이 아니라 자신의 마음에 귀 기울이고, 정확하게 표현하는 것입니다.

거절 기술 2) 거절하되, 상대의 욕구는 이해하고 존중하세요. 기본적으로 욕구는 채워져야 행복합니다. 따라서 누구나 원하는 욕구를 채우기 위해 나름의 방법으로 최선을 다합니다. 예시에 등장하는 상대(상사, 배우자, 동료)는 다음의 욕구를 채우기 위해 요청이나 부탁한 것입니다. 어떤 욕구들인지 88쪽의 욕구 목록을 참고해 찾아보겠습니다.

상황	원하는 욕구	표현하는 행동과 말
예 1	· 함께 어울리고 소통하길 원함 · 즐거운 시간을 보내기를 원함	저녁 식사 제안
예 2	· 사랑을 주고받길 원함 · 즐거운 시간을 보내기를 원함	가족 여행 제안
예 3	· 더 좋은 성과를 내고 싶음 · 상황이 잘 풀리기를 원함	자료 공유 요청

욕구는 충족되어야 할 것이지 나쁜 것은 아닙니다. 다만 욕구를 충족하기 위한 수단과 방법에 대한 견해는 사람마다 다릅니다. 예 1의 상사는 함께 어울리고 소통하길 원하는 욕구를 채우기 위해 저녁 식사를 제안했으나, 당신의 견해는 다를 수 있습니다. 상사의 제안이 마음에 든다면 함께 시간을 보내면 됩니다. 하지만 생각이 다르다면 거절할 수 있습니다. 거절은 다양한 커뮤니케이션의 방법 가운데 하나일 뿐 부탁을 들어주면 좋은 사람, 부탁을 들어주지 않으면 나쁜 사람이라는 평가의 기준이 될 수 없습니다. 상대와 좋은 관계를

유지하는 것이 중요한 당신은 마음이 약해져 "알았어, 그러자"라고 말하기도 합니다. 괜찮습니다. 당신이 중요하게 생각하는 욕구를 채우기 위한 나름의 선택이었을 거예요.

때로는 거절 후 "넌 도와줄 마음이 없는 거야", "핑계야", "나를 중요하게 생각하지 않는 거야" 등의 말을 듣고 상처를 입기도 할 것입니다. 그러나 이러한 반응은 기분이 상한 상대의 왜곡된 생각과 느낌일 뿐 당신의 의도와는 무관합니다. 따라서 거절 상황에서는 메시지의 왜곡을 줄이기 위해 상대의 상황과 마음을 알고 있다는 표현을 하는 것이 안전합니다. 다음 예시를 참고해 거절의 이유와 함께, 상대가 원했던 욕구를 말해보세요. 상대의 결핍된 욕구를 대신 표현해주려는 노력은 상대를 위한 최대한의 존중이며, 당신의 말에 진정성을 더해줍니다.

- 함께 즐거운 저녁 시간 보내면 좋을 텐데 + 이유
- 여행 가서 즐거운 시간을 보내면 참 좋을 텐데 + 이유
- 자료 공유가 가능할 거라 기대했을 텐데 + 이유

거절이란 상대가 제안한 내용에 대한 의사 표현일 뿐이므로 관

계의 단절을 의미하는 것은 아닙니다. 부탁은 거절해도 상대가 중요하게 여긴 욕구는 이해할 수 있는 이유이기도 합니다. 물론 부탁하는 사람의 태도나 부탁의 내용에 따라 관계 단절이 발생할 수는 있습니다. 욕구 자체에는 좋고 나쁨이 없지만, 욕구를 충족하기 위해 선택한 수단과 방법은 나쁠 수 있기 때문입니다. 예 3을 보았을 때, 더 좋은 성과를 내고 싶은 동료의 욕구는 이해할 수 있지만, 협업이 아닌 상황에서 개인 자료를 공유해달라는 요청은 무례한 부탁입니다. 무례한 부탁은 거절하는 것이 당신과 상대 모두에게 이롭습니다. 개인 자료 요청이 무례한 요구인지 알면서도 부탁했다면 거절당함으로써 경계선을 명확하게 알 수 있고, 무례한 요구인지 모르고 부탁했다면 자신의 실수를 인식할 수 있죠.

정당한 거절을 하지 못하면 타인을 중심으로 살게 됩니다. 거절의 이유를 구체적으로 설명하고, 상대의 결핍된 욕구를 존중했다면 그것만으로도 이미 충분한 배려입니다. 상대의 반응과 평가에 흔들리지 말고, 당신의 의사를 명확하게 표현하세요.

부탁을 가장한 협박은
즉시 거절하기

　내키지 않는 데도 부탁이나 요구를 들어준 적이 있나요? 거절 의사를 밝혔는데도 마음을 바꾸라고 계속 조르는 상대로 인해 힘들었던 적이 있나요? 미국의 심리학자 수잔 포워드(Susan Forward) 박사는 감정을 무기로 상대를 교묘하게 조종해 원하는 것을 얻어내는 행위는 '감정적 협박(Emotional blackmail)'이며, 반드시 관계에 대한 자신만의 원칙과 경계선을 설정해야 한다고 말합니다. 주위에 다음과 같은 말로 항상 무리하고 불합리한 요구를 하며 자신의 목적을 달성하는 사람이 있는지 점검해보세요.

① 우린 친한 사이이니깐, 이 정도 부탁은 들어줄 수 있지?

② 네가 장손이잖니? 집안 행사도 챙기고, 사촌들을 잘 이끌어야지.

③ 그런 의도는 전혀 아닌데, 너무 예민하게 받아들이는 거 아니야?

①은 관계 단절의 두려움과 좋은 사람이 아니라는 비난의 두려움을 자극하는 말이고, ②는 희생과 이타적일 것을 강요하며 과도한 의무감을 자극하는 말입니다. ③은 의도를 오해한 나의 성품과 죄책감을 자극하는 말입니다.

감정적 협박자들은 원하는 것을 들어주지 않을 경우, 상대의 두려움, 의무감, 죄책감을 강화하며 요구를 받아들일 만한 것으로 느끼게 만드는 화술에 능합니다. 세상 어디에도 '친한 사람의 부탁은 모두 들어줘야 한다'라는 원칙은 없으며, 맏이로 태어났으니 사촌 동생들까지 챙기라는 요구는 불합리합니다. 또, 참다 참다 아니다 싶어 문제를 제기하면 사과가 아니라, 오해라며 자신의 결백을 감정적으로 호소하는 사람은 불쾌합니다.

감정적 협박은 본의를 숨긴 채 당신이 가장 불편해하는 감정을 수단으로 사용하기에 얼른 알아차리기 어렵습니다. 그러니 뒤늦게 알아차린 것에 자책하지 마세요. 협박자들은 자신의 이득을 위해 좋은 사람이 아니라는 두려움, 의무를 다하지 않는 이기적인 사람이라는 죄책감을 유발하여 당신을 조종하려 할 것입니다. 이런 꼬리표들은 진실이 아니며, 단지 그들의 요구를 받아들이게 하기 위한 조작된 의견일 뿐입니다.

우리는 살면서 다양한 인간관계를 맺습니다. 그러나 모든 관계가 건강한 것은 아닙니다. 만약 누군가와 함께할 때 불안한 기분이 지속되거나 긴장감이 높아진다면, 그 관계는 건강하지 못하다는 신호입니다. 건강한 관계는 서로 독립된 개체로서의 경계선을 잘 알고 존중하기에 함께 있으면 편안하고 안전한 느낌을 받습니다.

인간관계에서 경계선은 상대와 나의 생각, 취향, 감정, 욕구가 다름을 알아 받아들일 것은 받아들이고, 걸러낼 것은 걸러내는 중요한 역할을 합니다. 나와 상대의 경계선이 희미해지면, 주위 환경이나 다른 사람의 반응에 휩쓸리기 쉽습니다. 결과적으로 하고 싶지 않거나 할 수 없는 일을 거절하지 못하고 불편한 상황에 놓이게 됩니다. 경계선은 사람마다 다르기에 나에게 결정권이 있습니다. 그러므로 나에게 하는 말과 행동을 어디까지 허락할지에 대해 기준은 내가 정하면 됩니다. 타인의 말과 행동은 내가 통제할 수 있는 영역이 아니지만, 그들이 나에게 어떤 행동과 말을 해도 괜찮은지, 괜찮지 않은지는 알려줄 수 있습니다.

나의 경계선을 침범하는 상대와는 건강한 관계를 유지할 수 없습니다. 그러니 친하다는 말로, 의무라는 말로, 그런 의도가 아니라는 말로 가장한 감정적 협박에는 "생각해볼게", "고려해볼게"라는 말로 부드럽게 넘기지 않는 것이 좋습니다. 다음 표현을 사용해 거절 의사를 즉시 표현함으로써 나와 상대의 경계선을 분명히 하세요.

- 아무리 친한 사이라도 그 부탁은 들어줄 수 없어.
- 나를 생각한다면, 그런 요구나 부탁은 다시 하지 마세요.
- 내가 너의 의도까지 예측할 수는 없어. 내가 너에게 중요한 사람이라면 앞으로는 조심해줘.

어떤 사람과 처음에 잘 지냈다고 해서 영원히 잘 지내야 하는 것은 아닙니다. 모든 사람과 잘 지내지 않아도 됩니다. 부탁이나 요구를 들어주지 않는다고, 뜻대로 따라주지 않는다고 당신을 이기적인 사람이라 비난하는 감정적 협박자에게만큼은 이기적이어도 괜찮습니다.

[Self-Coaching] 나의 하루와 마음 노트

1) 거절하지 못하고 있다면 이유는 무엇인가요?

_____

_____

_____

_____

2) 거절 상황에서 내가 원하는 욕구는 무엇이고, 상대가 원하는 욕구는 무엇인가요?

_____

_____

_____

_____

3) 사람들이 나에 대해 하는 말 중, 가장 마음에 드는 것과 마음에 안 드는 것은 무엇인가요?

_____

_____

_____

_____

PART
6

애초에 상처받는 말을 듣지 않을 상황을 만들어라

자극과 반응 사이에
공간 만들기

카카오톡 메시지를 바로 확인하지 않거나, 미리보기로 확인한 적이 있나요? 저는 급한 메시지를 제외하고는 시차를 두고 확인하는 편입니다. 메시지에 바로바로 답하려다 중요한 일에 시간을 쏟지 못하거나, 다시 집중하기 위해 많은 시간을 낭비했기 때문입니다.

즉각적인 반응을 요구하는 실시간 커뮤니케이션 채널로는 전화, 채팅, 줌(Zoom) 등이 있고, 반응의 즉시성에서 벗어나 시간 차이를 두고 소통하는 비동기 커뮤니케이션 채널로는 이메일, 문자, 인스타그램과 페이스북 DM(Direct message) 등이 있습니다. 비동기 커뮤니케이션은 자율출근제나 워케이션(Work+Vacation의 합성어. 일과 휴가를 동시에 즐기는 근무 형태) 등을 실시하는 회사가 많아지면서 긍정적인 반응을 얻고 있는 방식이기도 합니다.

메시지를 보내기 위해 글을 쓰는 과정은 전달하고자 하는 내용을 명확하게 하기에 추가로 묻고 확인하는 번거로움을 줄입니다. 필요한 내용을 고민하고 작성하며 다듬는 과정에서 의미가 모호한 표현은 구체화되고, 불필요한 부분은 삭제되며, 정제된 글을 쓰게 되죠. 또, 바로바로 반응이 오지 않은 것을 전제로 한 상태이므로 서로의 시간과 상황을 배려합니다.

얼굴을 마주하고 즉시 연결이 가능한 실시간 커뮤니케이션 채널이 편리한 수단인 것은 맞습니다. 그러나 '상대방에게 어떻게 읽히고, 이해될 것인가?'를 고민해 소통하는 비동기 커뮤니케이션 채널보다는 가볍습니다. 바로 반응하지 못하면 예의 없는 사람으로 몰리기도 하죠. 익숙하고 편하다는 이유로 실시간 커뮤니케이션 채널만 선호하는 것은 조금 아쉽습니다.

비동기 커뮤니케이션 채널보다 빈번하게 사용되고, 즉각적으로 연결되는 실시간 커뮤니케이션 채널에는 말로 인해 상처받는 사람이 많습니다. 상대에게 어떻게 들릴지 생각하지 않은 채 말을 내뱉고, 자신이 선호하는 속도에 맞춰 반응해주기를 기대하는 사람이 많기 때문입니다. 이런 사람들에게 끌려다니지 않고, 나를 중심에 두기 위해서는 '시간 차이'를 두고 반응하고, 그들과 멀어지는 기술이 필요합니다.

말이 안 통하는 사람과의 대화에서는 의도적으로 대화를 지연시키거나, 아예 거부하는 전략적인 피하기 기술을 사용하세요. 관심 없는 주제와 중요하지 않은 관계에서는 대화를 이어가는 것 자체가 시간 낭비, 감정 소모입니다. 정신의학자이자 《죽음의 수용소》의 저자 빅터 프랭클(Viktor Frankl)은 이렇게 말합니다. "자극과 반응 사이에는 공간이 있다. 그 공간에는 자신의 반응을 선택할 수 있는 자유와 힘이 있다. 그리고 우리의 반응에 우리의 성장과 행복이 좌우된다"라고 말이죠.

이번 장에서는 상대에게 맞추는 반응에 제동을 걸고, 자극과 반응 사이의 공간을 넓히기 위한 실질적인 방법을 안내합니다. 서로 대화가 가능한 타이밍을 조율하여 대화하고, 대화하고 싶지 않은 민감한 주제에 대해서는 물리적으로 거리를 두고 피하는 것이 현명합니다. 불편하다는 내색을 했음에도 서로의 경계선을 존중해주지 않는 사람과는 가능하다면 덜 보고 사는 쪽으로 거리를 두어야 합니다.

02

대화의 적절한
타이밍 찾기

모든 것에는 때가 있다고 합니다. 또한, 우리의 삶은 멈춤 없이 흘러가고, 매 순간 선택으로 채워지므로 '인생은 타이밍'이라고도 합니다. 라면 하나를 끓일 때도 면을 넣고 빼는 타이밍에 따라 면발의 쫄깃함이 달라집니다. 건강 관리는 병들었을 때 시작하기보다 건강할 때 시작하는 게 좋고, 사랑과 미안함은 적절한 때에 표현해야 진심을 전할 수 있습니다. 대화도 마찬가지입니다. 방해되는 요소가 제거된 적당한 타이밍을 찾아야 원활합니다.

커뮤니케이션이란 메시지를 주고받고 해석하는 과정입니다. 이 과정에 서로의 의미 공유가 이루어지지 않으면 왜곡됩니다. 이러한 왜곡 현상을 '커뮤니케이션 잡음'이라고 하며, 커뮤니케이션 잡음에는 세 가지가 있습니다.

1) 물리적 잡음(Physical noise)

실제 외부 환경에서 발생하는 잡음으로 이미지, 소리, 불편한 시설 및 환경을 포함합니다.

- TV를 시청하며 상대의 이야기를 경청하는 것이 어렵다.
- 드라이기 소리 때문에 상대의 이야기에 집중하기 어렵다.

상대가 건넨 말에 불편함을 느낀다면 대화를 나누기 적절한 장소인지를 점검해보세요. 가정에서 이루어지는 대화라면 TV를 잠깐 꺼달라고 요청해 물리적 잡음을 제거하거나, 하던 일을 끝내고 대화하면 됩니다. 같은 공간이라도 눈을 맞추고 대화하는 것이 중요합니다. 각자의 방에서 '큰소리로 얘기하면 되겠지' 싶겠지만, 멀어지는 거리만큼 왜곡되는 메시지가 많아집니다. 물리적 잡음을 제거하는 노력만 기울여도 많은 오해를 줄일 수 있습니다.

2) 심리적 잡음(Internal noise)

마음에 일어나는 잡념, 몸과 마음이 피곤한 스트레스 상태를 포함합니다.

- 배가 고프면 공부에 집중하기 어렵다.
- 딴생각하느라 대화에 집중하지 못한다.

몸이 아플 때, 수면 시간이 부족할 때, 과도한 스트레스로 마음이 지친 때는 대화하기 좋은 타이밍이 아닙니다. 저는 강의하는 날 아침에 긴장을 많이 하는 편입니다. 새로운 학습자를 만나는 설렘과 두려움이 함께 유발되기 때문입니다. 특히 다섯 살 아이를 키우며 일하던 시기에는 많이 피곤하고 예민했습니다. 아이가 잠든 시간에 강의를 준비하다 보니 늘 수면 시간이 부족했고, 아이 등원까지 챙겨야 하는 아침에는 스트레스가 극에 달했습니다. 이런 날에는 남편이 건넨 사소한 말 한마디에도 감정이 격해졌습니다. 돌이켜보면 남편이 건넨 메시지는 대부분 가벼운 질문이나 부탁이었습니다. "이번 달 연차는 언제로 할까?", "저녁은 나가서 먹을까?", "생수병 라벨은 뜯어서 분리해야 해"와 같은 말이었으니까요. 문제는 몸과 마음이 피곤해 남편과 소소한 대화를 나눌 만한 여유가 조금도 없었던 거죠.

내 마음이 건강해야 상대를 건강하게 바라볼 수 있습니다. 이제는 몸과 마음이 보내는 신호를 모른 척하지 않습니다. 반드시 알아야 할 이슈가 아니라면 대화의 타이밍을 퇴근 후로 조율합니다. 내안의 심리적 잡음으로 인해 대화에 집중할 수 없다면 상대에게 양해를 구하세요. 대화가 어려운 이유를 설명하고 서로의 말에 온전히 집중할 수 있는 시간을 만드세요. 대화하기 좋은 타이밍을 맞추는 노력은 서로에 대한 배려이고 존중입니다.

3) 의미적 잡음(Semantic noise)

특정 단어에 대한 감정적 대응, 신념, 가치관, 문화적 차이로 인한 선입견이 포함됩니다.

- '요즘 애들은 근성이 부족해'라는 표현을 들으면 불편하다.
- '여자아이는 남자아이보다 키우기 수월해'라는 표현을 들으면 불편하다.

상대가 건네는 말에 유난히 기분이 상한다면 신념과 가치관의 차이에서 비롯한 감정적 반응입니다. 예를 들어, 아이는 부모의 시간을 먹고 자라고, 아이가 태어나고 커가는 과정에 모든 부모는 최선을 다하므로 저에게는 부모의 애씀을 비교해서는 안 된다는 신념이 있습니다. 이러한 신념은 오랜 기간 쌓아온 저의 주관적 믿음입니다. 그래서 누군가가 "내가 더 힘들다"라고 주장하면 의견 차이를 좁힐 수 없습니다. 이렇게 신념과 가치관이 달라 조율할 수 없는 주제라면, 대화를 종료해야 합니다. 상대의 말이 틀렸음을 증명하기 위해 대화를 이어가지 마세요. 그 사람의 생각은 쉽게 바뀌지 않습니다. 때로는 말이 안 통하는 사람과의 대화에선 요령껏 피하는 처세도 필요합니다.

민감한 대화에서 빠지기

스몰 토크(Small talk)는 사전적으로 잡담을 의미하지만, 서로 잘 모르는 사이에 나누게 되는, 중요하지 않은 것들에 관한 대화로도 사용되는 말입니다. 포괄적으로는 처음 만난 사이에서 부드러운 분위기를 만들기 위해 나누는 대화, 거리감이 느껴지는 상대와 친근하게 이야기를 시작하기 위해 나누는 대화가 포함됩니다. 적합한 주제로는 날씨, 취미, TV 프로그램, 스포츠 등이 있으며, 개인의 선호, 취향, 가치관에 따라 의견 차이가 있을 수 있는 민감한 주제는 피하는 것이 안전합니다.

① 진보인가요, 보수인가요?

② 너 왜 이렇게 살쪘니?

③ 아이가 둘은 있어야지.

①은 종교나 정치 등 개인의 가치관과 신념이 포함된 주제이고, ②는 사람의 몸에 관한 주제이므로 좋지 않습니다. 몸에 관한 주제는 좋은 것이든 싫은 것이든 피해야 안전합니다. ③ 또한 지극히 개인적인 견해로 누군가에게는 민감하고 불편한 주제일 수 있습니다.

분위기를 부드럽게 만들기 위한 좋은 의도여도 듣는 사람이 불편해하면 의미적 잡음이 발생하므로 주의가 필요합니다. 대표적인 예로는 말하는 사람이 건넨 관심이나 조언이 듣는 사람에겐 상처가 되는 '명절 잔소리'가 있죠. "취업은 언제 할 거니?", "살 좀 빼야겠다", "살 좀 찌워야겠다", "결혼은 언제쯤 할 거니?", "자녀 계획은 어떻게 되니?"와 같은 말들입니다.

가족이기에 염려하는 마음은 알겠습니다. 오랜만에 만나서 그간의 안부가 궁금했을 수도 있습니다. 하지만 당사자에게는 지극히 개인적이고 민감한 주제입니다. 모두가 즐거워야 할 명절에 가볍게 나눌 수 있는 대화는 아닙니다.

듣는 사람의 입장을 고려하지 않은 채 조언이고 애정이라며 평가하고 간섭하는 말은 듣기 거북합니다. 사람의 외모나 노력을 평가할 자격은 누구에게도 없으며, 결혼과 자녀 계획은 개인의 신념과 가치관이 반영된 것이므로 정답이 없습니다. 그는 그의 방식으로, 나는 나의 방식으로 살아가면 됩니다.

연세대학교 김형석 명예교수는 저서 《백년을 살아보니》를 통해 행복을 다음과 같이 정의합니다. "다른 모든 것은 원하는 사람도 있고, 원하지 않는 사람도 있다. 그러나 행복은 누구나 원한다. 철학자 아리스토텔레스의 말이다. 그런데 행복은 어떤 것인가? 물으면 같은 대답은 없다. 행복은 모든 사람의 주관적인 판단이며, 같은 내용이더라도 시간과 장소에 따라서 행불행이 달라질 수 있다".

개인적으로는 아이를 키워 보니 하나보다는 둘, 둘보다는 셋, 많으면 많을수록 좋다는 말에 공감합니다. 하지만 20년간 쌓은 경력을 포기하며 아이의 엄마로만 살고 싶지는 않습니다. 아이가 둘인 가정을 보면 부럽지만, 제 선택을 후회하지는 않습니다. 행복의 기준, 행복을 느끼는 지점은 사람마다 다르므로 지금의 삶에 만족하고 감사합니다. 이처럼 삶의 형태는 다양하며, 각자의 사정은 다릅니다.

삶을 대신 살아주지 않는 사람이 나의 삶을 평가하도록 내버려 두지 마세요. 의미적 잡음이 생긴 대화에서 필요한 것은, 버티는 것이 아닌 피하는 것입니다. 토마스-킬만 갈등관리모형(Thomas-Kilmann Conflict Mode Instrument)에서는 다음과 같은 상황에 전략적 피하기가 현명하다고 합니다.

- 자신이 제어할 수 없는 상황일 때
- 갈등 해결을 위해 평정을 찾고, 생각을 정리할 때
- 갈등 해결의 효과보다 손실이 더 클 때

명절마다 마주하는 친지, 매일 함께 근무하는 동료, 오가며 인사하는 지인 중 한두 명은 해도 되는 말과 해서는 안 되는 말의 경계가 모호한 투머치토커(Too much talker)입니다. 이들은 아주 가깝지는 않지만, 주변인으로 연결되어 관계가 지속되는 특성이 있습니다. 가깝게는 내일, 멀게는 내년 명절이 되면 얼굴을 마주해야 하기에 관계의 완전한 단절이 불가능합니다. 만약 그들이 쓸데없는 궤변을 늘어놓기 시작하면, 다음의 피하기 전략을 사용해 민감한 대화에서 빠져나오세요.

1) 공간에서 벗어나기

민감한 주제가 나오자마자, 즉시 핑계를 대고 자리에서 일어나세요. "잠시만요. 급하게 전화할 데가 있어서요", "잠시만요. 화장실이 급해서요", "잠시만요. 아이가 찾네요" 등의 말을 사용할 수 있습니다.

2) 대화에서 벗어나기

민감한 주제의 대화를 중단하고, 화제를 바꾸세요. "그 얘기는 불편하니 다른 이야기하시죠" 등의 말을 사용할 수 있습니다. 간혹 화제를 바꾸자고 제안하면 "왜요? 뭐가 불편하죠?"라고 되묻는 사람이 있습니다. 이런 상대에게는 '계속 이야기해도 생각의 차이를 좁힐 수 없으니 다른 이야기를 하는 것이 좋겠다' 정도만 대답하면 됩니다.

모든 질문에 당신의 사정을 설명하거나 이해를 구할 필요는 없습니다. 특히, 강요나 유도의 목적이 담긴 질문에는 답하지 않아도 됩니다. 화제를 바꾸자고 제안했음에도 멋대로 대화를 이어간다면, 단호한 표정과 말투로 "저는 불편합니다. 먼저 일어나겠습니다"라는

최소한의 반응만 보인 후, 당장 그 공간에서 벗어나 불필요한 부정
감정들로부터 나를 보호하세요.

04

덜 보고 사는 쪽으로
거리 두기

밀치고 밀리는 것만으로도 힘든 혼잡한 지하철에서 타인의 민폐 행위는 눈살을 찌푸리게 합니다. 실제로 지하철 비매너 또는 민폐 행동에 대한 뉴스 헤드라인은 다음과 같습니다.

- 지하철 만석인데 버젓이 영상 통화·스피커폰 사용 괜찮은가?
- 지하철서 철봉 놀이한 꼬마, 엄마는 휴대폰만, '민폐 모자' 논란
- 지하철 쩍벌 민폐남에 이은 쭉뻗 민폐녀, 버스서 폭행해 법원 까지 간 사연

전문가들은 대중이 이용하는 공간에서 이러한 문제가 발생하는 이유를 공적 공간과 개인 공간이 충돌하기 때문이라고 말합니다. 쉽게 말해 다수와 공유하는 공간을 자기 것으로 생각하는 사람과 그렇지 않은 사람 사이에 생기는 문제입니다. 이에 인류학자 에드워드 홀(Edward T. Hall)은 사람마다 인식하는 개인 공간이 다르고, 그 공간을 침해받는 경우 불안감과 반발심이 생긴다고 말했습니다. 예를 들어, 지하철에서 내가 서 있거나 앉아 있는 공간을 개인 공간으로 인식하는 사람은 영상 통화를 하거나, 다리를 쭉 펴고 앉는 등의 행동을 해도 괜찮다고 생각합니다. 그러나 지하철을 공적 공간이라고 인식하는 사람은 영상 통화를 하거나, 다리를 쭉 펴고 앉은 사람을 보면 상식 밖의 행동, 민폐 행동이라 생각되어 불쾌함을 느낍니다. 그런데 민폐 행동에 문제를 제기하기에는 조심스럽습니다. 공간에 관한 인식 차이이기 때문입니다. 한마디하면 "죄송합니다"라는 반응부터 "무슨 상관인데요?"라는 반응까지 나올 테니 예측도 어렵습니다.

이럴 때는 굳이 문제 해결을 하기보다는 감정 소비를 하지 않는 게 안전합니다. 불편함을 느꼈다면 자리를 옮겨 최대한 먼 거리를 유지함으로써 심리적 안정감을 되찾고, 신변을 보호하는 노력을 기울이는 것이죠.

공공장소뿐 아니라 일상생활에서도 '거리 두기'의 기술은 효과적입니다. 미국 MIT 경영전문대학원의 토마스 앨런(Thomas Allen) 교수가 발표한 '앨런 곡선(Allen curve)'에 따르면 사람 간의 물리적 거리가 멀어질수록 의사소통의 빈도는 급격하게 줄어듭니다.

모두가 경계하는 사람, 지나치게 자기 자랑을 하거나 남을 험담하는 사람, 무례한 사람과 같은 공간에 있게 된다면 최대한 먼 거리를 유지하세요. 물리적 거리는 심리적 거리감으로 이어지며, 일정 거리를 두는 것만으로도 소통의 빈도를 줄일 수 있습니다. 대화하고 싶지 않은 사람과는 소통의 장벽을 제거하는 것이 아니라, 장벽을 더 높이 쌓는 의도적 노력이 필요합니다. 사람들이 이미 피한 자리에 굳이 내가 앉을 이유는 없습니다.

일대일 또는 소그룹 만남이라 거리를 두기 어렵다면, 최대한 만남 횟수를 줄이는 것도 효과적입니다. 불편과 불쾌감이 예정된 모임에 참석해 겉도는 대화를 나누고 부정적 정서만 잔뜩 쌓고 돌아와 후회하기보다는 참석하지 않는 쪽이 지혜롭습니다. 사람은 누구나 자기중심적이고 이기적인 측면이 있습니다. 그렇기에 모두와 잘 지낼 수 없고 불편한 사람은 어느 관계에나 존재합니다. 나와 맞지 않는 사람과 거리를 두는 것은 나쁜 행동이 아닙니다.

냅(Knapp)과 반젤리스티(Vangelisti)의 관계형성과정이론에서는 친화 과정(Coming together)과 소원화 과정(Coming apart)을 각각 5단계로 구분합니다. 관계를 형성하고 해체하는 과정에서 각 단계의 이동은 일반적으로 연속성을 가지나 퇴화하기도 하고, 어느 단계에서든 완전한 해체로 이어질 수도 있습니다.

차이 감지 단계	서로의 차이가 부각되는 단계. '우리'보다 '나'라는 개념이 중요해진다.
겉돌기 단계	대화가 단절되기 시작하고, 피상적으로 진행된다. 대화를 안전한 영역에 한정하며, 정보 교환이 양적·질적으로 감소한다.
침체 단계	상대의 반응을 예상하고, 민감한 주제의 대화는 불필요하다고 생각된다. 말로 소통하는 대신 비언어적 의사소통을 통해 불편함을 전달하기도 한다.
회피 단계	서로 만나지 않기 위해 의사소통이 비대면, 간접적으로 이루어진다.
이별 단계	물리적 거리를 유지하며, 서로의 인생에서 상대의 존재를 더는 필요로 하지 않는다.

관계를 맺고, 강화하고, 해체하는 것에 관한 선택권은 나와 상대 모두에게 있습니다. 그리고 나와 어떤 관계를 맺고 발전시킬지는 상대의 몫이듯, 내 삶에서 어떤 사람들과 주로 시간을 보내고 관계를 강화할지는 온전히 나의 몫입니다. 보고 싶지 않은 사람과는 덜 보고 사는 관계로 남으며, 나를 먼저 챙겨도 괜찮습니다.

참지 말고 분노 표현하기

이번 한 주는 어떤 기억들로 채워졌나요? 긍정적이든 부정적이든 기억에 남는 순간을 하나 떠올려보세요. 그리고 어떤 감정이 느껴지는지 생각해봅시다. 1년에 한 번 녹색 어머니로 봉사하는 날엔 몸은 피곤하지만, 아이들에게 도움을 줄 수 있어 뿌듯하고 만족스러웠습니다. 그리고 기다렸던 만남이 상대의 급한 사정으로 취소된 일은 아쉬웠지만, 이해할 수 있었습니다. 다만, 다시 연락을 주기로 해 놓고 사흘이나 연락이 없어 걱정되고 답답했습니다. 감정이란 어떤 현상이나 사건을 접했을 때, 마음에 일어나는 느낌이나 기분을 말합니다. 매일매일 다양한 날씨처럼 감정도 다양합니다. 때로는 말로 표현하지 않아도 표정에 드러나지만, 나의 마음이 어떤지 알리려면 말로 표현하는 것이 가장 좋습니다.

다음 제시되는 67개의 감정은 스톰 앤 스톰(Storm&Storm, 1987) 연구의 감정 단어 5개 군집 분류(두려움, 슬픔, 기쁨, 혐오, 분노)를 참고하여 개발된 문장입니다. 최근 어떤 고민이 있는지 떠올린 상태에서 주로 느껴지는 감정이 무엇인지 체크해보세요.

두려움(Fear)	슬픔(Sadness)	기쁨(Joy)	혐오(Disgust)	분노(Anger)
걱정되다	마음 아프다	감동하다	곤란하다	분하다
긴장되다	막막하다	고맙다	괴롭다	억울하다
놀라다	미안하다	기대되다	귀찮다	원망스럽다
당황스럽다	비참하다	기쁘다	답답하다	짜증 나다
두근거리다	서럽다	만족스럽다	밉다	화나다
두렵다	섭섭하다	뿌듯하다	부끄럽다	
망설여지다	속상하다	사랑스럽다	부담스럽다	
무섭다	슬프다	설레다	부럽다	
불안하다	실망하다	신나다	불편하다	
어색하다	심심하다	안심되다	싫다	
조마조마하다	쓸쓸하다	자랑스럽다	쑥스럽다	
혼란스럽다	아쉽다	자신만만하다	얄밉다	

황당하다	안타깝다	즐겁다	지겹다	
	외롭다	편안하다	피곤하다	
	우울하다	행복하다	힘들다	
	허전하다	흥분되다		
	후회스럽다	힘 나다		

출처: 학지사 심리검사연구소 감정카드

　걱정스럽고 괴로운 고민을 떠올렸다면 기쁨을 제외한 군집의 감정에 체크했을 것입니다. 이중 당신을 가장 불편하고 힘들게 하는 감정이 어느 군집에 속하는지 찾아보세요. 저는 분노 군집에 속하는 '억울함, 원망, 화'의 감정에 체크했습니다. 화를 내는 상대를 마주하면 긴장되고 조마조마한 마음이 들어, 상대나 나의 분노가 감지되면 가능한 한 논쟁을 회피하거나 양보하는 행동으로 불안과 두려움을 없애려 합니다.

　존 가트맨(John Gottman) 박사는 자신이 느끼는 감정에 대해 느끼는 2차 감정을 '초감정(Meta-emotion)'이라 정의하며, 자신의 감정을 잘 알고 왜곡된 감정을 치유하는 것이 중요하다고 말합니다. 분노에 대해 제가 느끼는 초감정은 두려움으로, 어린 시절 유난히 감정적으로 화를 표출한 아버지와 순종적인 어머니의 관계를 보며 왜곡된 감정입니다. 정서적으로 안정되지 못한 아버지의 분노를 보며 '화'는 나쁜 감정으로 인식되었고, 어린 나이지만 나까지 속 썩이면 어머니가 어디론가 떠나 버릴 것 같은 두려움에 모범적이고 순응적인 청소년기를 보냈습니다. 아버지는 분노를 표출했고, 어머니는 분노를 참으신 거죠. 그리고 저 역시 분노에 대한 두려움을 들여다보기 전까지는 부모님께 보고 배운 방법으로 분노를 다뤘습니다. 하지만 이제는 압니다. 부정적으로 왜곡된 감정의 연결 고리를 끊지 못하면 건강한 관계도, 건강한 삶도 없다는 것을요. 픽사에서 제작한 애니메이션 〈인사이드 아웃〉에는 감정과 관련된 명대사가 많습니다. 그중, 분노를 마주하고 표현하는 것이 두려운 사람에게 힘이 될 만한 문장을 공유해봅니다.

"얘는 버럭이야. 그는 공정함을 아주 중요하게 생각해"
"얘는 소심이야. 라일리를 안전하게 지키는 걸 잘해"

감정에는 좋고 나쁨이 없습니다. 분노와 두려움 역시 기쁨처럼 정상적인 감정 중 하나입니다. 당신이 화나고 분하다면 그럴 만한 이유가 있는 것입니다. '괜찮지 않다, 싫다, 그만하라'라는 표현을 했음에도 상대가 타당한 이유 없이 경계선을 넘어온다면 분노의 감정을 허가하고, 솔직하게 표현하세요. 분노를 억누르거나 피하는 것이 항상 당신의 몫이 되면, 늘 상대의 기분에 맞추는 태도를 취하거나, 눈치를 보게 됩니다. 상대가 옥박지르며 화내는 유형이든, 정서적 협박을 하는 유형이든 당신이 어떤 감정을 느끼고 왜 그런지 말하는 것은 나를 안전하게 지키는 정당한 방법입니다.

물론, 감정적으로 분노를 폭발시키라고 말하는 것이 아닙니다. 감정을 표현하는 것과 감정적인 사람이 되는 것은 다릅니다. 상대의 눈을 보고, 조용한 목소리와 단호한 표정으로 당신이 느낀 분노의 감정과 이유를 또박또박 상대에게 전하세요. 즉시 표현하는 것이 익숙지 않다면, 다음과 같이 텍스트로 쓰고 거울을 보며 연습하면 효과적입니다.

- 기대한 대로 일이 풀리지 않는다고 불평하고 짜증 내는 네 모습을 보면 나도 짜증이 나.
- 싫다고 분명히 말했는데도 농담이라며 계속 말하는 네 무례함에 화가 나.
- 불합리한 일을 요구하고, 들어주지 않는다고 실망했다는 말을 들으니 많이 황당하고 화나.

분노를 표현하는 것은 자신을 보호하기 위한, 상대의 실수나 무
례함을 알리고 건강한 관계의 경계선을 지키기 위한 최후의 대응입
니다. 두려워서 피하기만 했던 분노를 마주하고, 말로 표현하는 당
당한 당신의 모습을 온 마음으로 지지합니다.

[Self-Coaching] 나의 하루와 마음 노트

1) 최근 분노를 느꼈을 때, 어떻게 반응했나요?

_____

_____

_____

_____

2) 그 당시로 다시 돌아간다면, 무엇을 다르게 해보고 싶은가요?

_____

_____

_____

_____

3) 분노라는 감정 때문에 얻는 것과 잃는 것은 무엇인가요?

_____

_____

_____

_____

PART
7

혼자 시나리오
쓰지 않는다

메시지의 느낌표에
의미 두지 마라

　카카오톡은 현재 우리나라 사람들이 가장 많이 사용하는 메신저입니다. 2022년, 카카오톡 이용 점유율은 95%를 차지하며, 이제는 단순 메신저 기능을 넘어 남녀노소 모두가 사용하는 하나의 소통 수단으로 자리 잡았죠. 단체 톡이나 오픈 채팅 기능이 있어 직장, 동호회, 친목 모임 등의 목적에 따라서도 많이 사용되고 있습니다. 사실 카카오톡은 실시간으로 메시지를 주고받을 수 있어, 문자보다는 채팅에 가까운 느낌이죠.

　다음은 카카오톡 대화에서 대표적으로 많이 사용하는 표현입니다.

네.	네!	넵	넹~	넹넹
넴	네…	네!!!	네 ㅎㅎ	네 ㅋㅋ

같은 YES의 의미인데 앞뒤 맥락이나 읽는 사람의 관점에 따라 다양한 의미로 해석될 수 있음을 예상할 수 있습니다. 이중 당신에게 의미가 궁금하거나, 불편하게 다가오는 표현은 무엇인가요? 저는 느낌표가 너무 많으면 긍정적이든 부정적이든 너무 강한 어조로 들려, 대화를 종료하고 싶어하는 것처럼 느껴집니다. 물론, 이는 제가 주관적으로 느끼는 불편함으로 상대에게 직접 느낌표의 의미를 묻지 않으면 알 수 없습니다. 저는 다른 분들의 생각이 궁금해 강의에서 만난 학습자들에게 물어보았습니다. 개인마다 표현은 조금씩 달랐지만, 세 가지 정도로 정리됩니다.

① 긍정적인 의지 또는 강조의 표현이다.
② 공격적으로 느껴진다.
③ 아무 의미 없다.

비슷한 예로 문장 뒤에 붙여 쓰는 'ㅎㅎ'은 무슨 의미일까요?

① 비웃음의 의미이다.

② 의미 없이 사용하는 습관이다.

③ 할 말 없을 때 붙이는 용도이다.

　결론은 특정 기호나 단어를 사용하는 사람의 의도는 개인이 사용하는 언어 습관이라 내 관점에서 파악하기 어렵다는 것입니다. 다음은 쉐논(Shannon)과 슈람(Schramm)의 통신과정모형입니다.

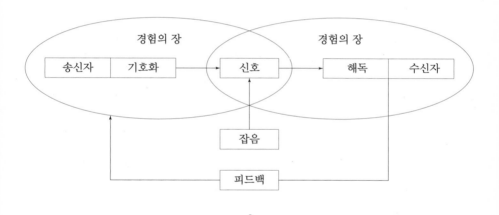

　'말하는 사람은 자기 경험의 장을 토대로 말하며, 듣는 사람 역시 자기 경험의 장을 바탕으로 메시지의 의미를 해석한다'로 요약할 수 있습니다. 그리고 커뮤니케이션 과정에서 잡음은 말하는 사람과

들는 사람이 살아온 '경험의 장'이 다를수록 더 많이 발생합니다. 쉽게 말해 말하는 사람이 전달하고자 하는 내용과 듣는 사람이 이해하는 내용이 달라진다는 것이죠. 특히 표정과 억양이 생략되고, 텍스트와 이모티콘으로 메시지를 전달하는 카카오톡 대화에서는 왜곡되거나 정확한 의미를 알 수 없는 상황이 빈번하게 발생합니다.

나와 다른 경험의 장에서 살아온 상대를 완벽하게 이해하는 것은 불가능합니다. 이제 더는 개인적인 경험의 장에서 표현된 '!!!, ㅎㅎ, ㅋㅋ'의 의미를 파악하기 위해 노력한다거나, 상대를 이해하기 위해 혼자 고민하지 않았으면 합니다. 아주 중요한 이슈가 아니라면, 자신에게 안녕감(Well-being)을 주는 쪽의 해석을 선택하려는 노력이 필요합니다. '습관적으로 쓰는 말인가 보다', '아무 의미 없다', '나랑 참 다르네'라고 생각하면 됩니다. 그런데도 계속 불편함이 느껴진다면 상대에게 의미를 물어봐도 좋습니다. 마음을 쓴다는 것은 그 사람의 경험의 장을 이해하려는 노력이고, 친밀한 관계로 확대하고 싶은 신호일 수 있으니까요. 하지만 직접 물을 수 없는 관계라면, 묻고 싶지 않은 관계라면 그 사람의 개인적인 언어 습관에 의미를 두지 않아도 됩니다.

나 때문이라고
생각하지 않기

활발하던 단톡방에서 내가 보낸 메시지 이후로 대화가 끊겼을 때 어떤 생각을 하시나요? 읽었다는 '1' 표시가 사라졌는데도 답이 없을 때는 어떤가요? 내 안부 메시지를 시큰둥하게 받는 친구를 볼 땐 어떤가요? 이런 상황에 다음과 같은 생각을 하며 문제의 원인을 나에게서 찾고 있는 건 아닌지 살펴보세요.

- 내가 보낸 메시지 이전의 대화를 보며 '내가 뭘 실수했나?' 하고 체크해본다.
- 상대에게 답이 없는 시간이 길어질수록 나를 존중하지 않거

나 무시한다는 생각이 든다. 그러다 상대를 배려하지 못하는 내가 옹졸하게 느껴진다.

● 나한테 뭐 서운한 게 있었나 생각해본다.

실제로 내가 실수했을 수도 있고, 상대의 상황을 배려하지 않고 내 입장만 생각하고 행동했을 수도 있습니다. 그러나 모든 잘못의 원인을 나에게서 찾는 것도 문제입니다. 개인화(Personalization)란 거의 혹은 전혀 근거가 없는 경우에도 외적 사건과 나를 연관 지어 받아들이는 것을 의미합니다. 특히 부정적인 사건에 대해 과도한 책임이나 비난을 감수하여, 자신을 힘들게 하는 특성을 보이죠. 위 사례를 살펴보면 그냥 다들 이야기가 끝나서 대화가 마무리된 것일 수도 있는데 '내가 보낸 톡'에서 잘못을 찾는 것, 상대가 바빠서 답장을 잊은 것일 수도 있는데 '나를 무시한다는 느낌, 내가 옹졸하다는 생각'에 빠지는 것, 친구는 고민이 있거나 다른 일로 감정이 상한 것일 수 있는데 '내 행동을 돌아보는 것'이 개인화입니다.

개인화는 지나쳐도, 부족해도 문제입니다. 너무 많이 하는 사람은 자신을 괴롭히는 면이 있고, 너무 안 하는 사람은 문제의 원인을 외부에서만 찾으려고 해서 주변 사람들을 괴롭히는 면이 있습니다. 모든 상황을 지나치게 나와 연관 지어 받아들이며 자신을 괴롭히고 있다면 다음과 같은 방법을 시도해보세요.

　첫째, '상대에게 사정이 있겠지'라고 생각하세요. 주관적이고 개인적인 타인의 말과 행동에 대해 혼자 생각하고 결론 내리면 마음은 점점 힘들어집니다. 잘못된 인지 왜곡으로 발생한 불필요한 부정적 감정에 자신을 가두지 마세요. 직접 묻지 않으면 어떤 상황인지 알 수 없습니다. 그리고 때로는 직접 물어도 진실을 듣지 못합니다. 내 질문에 대해 어떤 답변을 줄지는 상대의 마음이기 때문입니다. 그러므로 '바쁜가 보네', '안 좋은 일이 있나 보네', '불편하면 직접 얘기하겠지'라는 마음으로, 나 때문이라는 생각을 멈추세요.

　둘째, 그럼에도 불구하고 나 때문이라는 생각이 든다면 나의 감정과 생각을 믿고 표현하세요. 추측하거나 짐작한 것을 마음에 담아 두며 괴로워하기보다는 상대에게 어떤 사정이 있는 건지, 아니면 정말 나 때문에 상처를 입은 건지 확인해보는 게 더 건강합니다. 오해가 있다면 풀고, 괜한 걱정이었다면 다음부터 불필요한 감정 소비를 하지 않으면 됩니다. 일어나지도 않은 일에 스트레스받으며 혼자 상상하고 결론짓는 것보다, 상대에게 직접 물어보는 행동이 나에게 더 이롭습니다.

SNS 거리 두기

SNS는 이미 우리 생활 깊숙이 자리 잡은 서비스입니다. 2022년 5월 10일 SBS 뉴스에서 보도한 SNS의 장점은 나만의 매력과 개성을 표출할 수 있고, 쉽고 간편하게 다양한 정보를 습득할 수 있는 점이라고 말합니다. 공감합니다. 알고리즘을 통해 좋아할 만한 콘텐츠와 정보를 제공해주니 시간도 절약하고 지식도 얻을 수 있습니다. 삶에서 반짝반짝 빛나는 순간을 올리고 간직할 수 있으니 추억의 사진첩 같은 역할도 합니다.

저는 주로 여행 사진을 많이 올리는 편인데, 얼마 전 게시물을 본 친한 동생이 "언니네 부부는 사이가 진짜 좋아 보여. 캠핑 가서

안 싸우지?"라고 묻더군요. 제 답변은 "아니. 짐 싸면서 싸우고, 철수하면서 싸워. 캠핑은 준비할 게 많고, 몸을 움직이지 않으면 어느 하나 세팅되는 게 없으니 뒤로 갈수록 지치거든. 당분간은 힘들어서 캠핑 안 갈 듯. 알잖아. SNS는 가장 좋은 모습만 담기는 거"였습니다. 동생은 "완전 공감~ SNS에선 모두가 행복해 보여"라고 말했고, 둘은 깔깔대고 웃었습니다. 모두가 알고 있습니다. SNS에 게시된 사진은 수없이 찍은 사진 중에서 가장 잘 나온 컷이라는 것을요. 찰나의 행복을 의도적으로 편집한 공간이라는 것을요. 그러나 '편집된 타인의 삶과 나의 삶을 비교하면 안 된다'라는 것을 알면서도, 몸과 마음이 지치는 날에는 평범한 나의 일상이 초라하게 느껴집니다. SNS의 화려한 세상에는 예쁘고 날씬한 사람, 부유하고 재능이 많은 사람, 행복해 보이는 사람이 넘쳐나는 것 같은데, 현실에 마주한 내 삶은 지루하고 반복되는 매일 같습니다.

SNS는 사용자가 보여주고 싶은 장면만을 선택적으로 노출합니다. 그러므로 이런 사진을 보며 너무 많은 생각을 하고 추측하면 괴롭습니다. 누가 누구를 만났는지, 서로 어떤 말을 주고받는지를 살피다 보면 나만 소외된 것 같아 외롭습니다. 여기에 허기진 마음을 채우기 위해 '어떻게 하면 더 멋지게 보일까? 행복해 보일까?'를 고민하며 글을 쓰고 지우기를 반복하며 많은 시간을 낭비하기도 합니다.

2021년 알바천국에서 20대 616명을 대상으로 '나의 자존감이 가장 떨어지는 순간은 언제인가?'를 물었습니다. 결과는 '행복해 보이는 지인의 SNS를 볼 때(27.6%)'가 1위를 차지했습니다. 여타의 조사들도 SNS는 사람들에게 자신을 표현하고, 사람들과 소통하기 위한 수단이지만, 사용이 지나치면 정신건강에 악영향을 끼칠 수 있음을 경고합니다.

디지털 기술이 인간의 삶과 사회에 미치는 영향력이 큰 때에, SNS를 무조건 차단할 수는 없습니다. 그러나 이제는 안전하게 사용하기 위해 적절한 거리를 두어야 할 때입니다. 인스타그램은 2022년 2월 8일 '안전한 인터넷의 날'을 맞아 '휴식 알림 기능'을 선보였습니다. 이 기능은 일정 시간 인스타그램을 이용하는 사용자에게 '휴식이 필요하지 않나요?'라는 메시지를 띄웁니다. 그러고는 심호흡하라거나 노래를 들으라는 등의 전문가 집단 자문에 기반한 휴식 권고 문구를 보여줍니다. 유해성을 낮추고 안전하게 사용하기 위한 기업의 노력처럼, 각자 내 삶을 건강하게 지키기 위한 SNS 사용 패턴을 점검해보세요. 너무 많은 시간을 SNS에서 보내고 있지는 않나요? 아침에 눈 뜨자마자, 저녁에 잠들기 전 습관적으로 스크롤을

끊임없이 아래로 내리고 있지는 않나요? 편집된 타인의 삶과 편집되지 않은 나의 삶을 비교하며 건강하지 않은 생각을 하고 있지는 않나요? 조금이라도 그렇다면 전문가들이 효과적이라 말하고, 저도 사용 중인 방법으로 SNS 거리 두기를 실천해보세요.

- SNS의 기본 설정을 로그아웃으로 설정합니다.
- 알림 해제 상태를 유지합니다.
- SNS 활동 시간을 정합니다. 주말, 자투리 시간을 활용하는 것도 방법입니다.
- SNS 금지 시간을 설정합니다. 잠들기 전이 효과적이며, 참기 힘들다면 음악 듣기나 언어 학습 등의 청각 자극 활동을 추천합니다.

영화 〈해리포터와 마법사의 돌〉에는 소망의 거울이 등장합니다. 그 거울 맨 위에는 다음과 같은 글귀가 쓰여 있습니다. "나는 당신의 모습이 아니라 소망을 보여준다". 해리의 소망은 어릴 적 헤어진 부모님을 만나는 것입니다. 그래서 거울은 해리와 부모님이 함께하는 모습을 보여주죠. 그리고 그리운 부모님을 만나기 위해 매일 밤 해야 할 일을 잊고 거울 앞에 멍하니 앉아 있는 해리에게 스승인 덤

블도어 교수는 이렇게 말합니다.

"해리, 이 거울에선 지식이나 진실을 얻을 수 없단다. 사람들은 이 거울 앞에서 시간을 허비하고 때론 미치기도 하지. 정말로 행복한 사람은 거울 속에서 자신의 현재 모습 그대로를 본단다. 그러니 꿈에 사로잡혀 살다가 진짜 삶을 놓쳐선 안 된다"

진짜 삶(Real life)은 여정이기에, 매 순간이 환희와 행복으로 가득 찰 수 없습니다. 현대판 소망의 거울인 SNS는 특별한 순간과 편집된 정보를 보여준다는 사실을 꼭 기억해야 합니다. 가상 공간에서 너무 많은 시간을 소비하고 있는 것은 아닌지 살펴보세요. 이제는 현실의 진짜 삶을 건강하게 지키기 위해 'SNS 거리 두기'가 필요한 때입니다.

하지 말아야 할 생각

세상에 열등감을 느끼지 않는 사람은 없습니다. 타인과 비교해 내가 부족하다고 느끼는 감정인 '열등감'이라는 용어를 만든 심리학자 알프레드 아들러(Alfred Adler)는 '모든 인간은 어린 시절에 열등감을 경험하지만, 이것을 어떻게 인식하고 전환하는가에 따라 자신을 성장시키는 긍정적 동기가 될 수도 있고, 자신을 해치는 무기가 될 수도 있다'라고 말합니다.

175cm. 우리나라 여성의 평균 신장보다 큰 편인 저는 꽤 오랜 시간, 작고 아담해지고 싶었습니다. 모델을 하기는 체격이 크고, 운동선수가 되기에는 재능이 없는 저는 늘 큰 키가 마음에 들지 않았

습니다. 예민한 사춘기 시절, 모르는 남학생들이 옆에 서서 키를 비교하며 키득키득 웃는 상황, 처음 보는 사람들이 약속이나 한 듯 "키가 엄청 크시네요. 운동하셨어요?"라고 묻는 상황이 저에게는 상처였죠. 특히, 이성과 연애에 많은 관심이 생기는 20대에는 다른 친구들과 비교하며 스스로 '키가 너무 커서 매력이 없다'라고 자신의 가치를 낮게 평가했습니다. 어느 정도의 결핍은 열등감을 해소하는 건강한 동기가 되지만 외모, 재산, 집안 등 선천적으로 타고나는 요소에 대한 결핍은 노력만으로 극복하는 데에 한계가 있었습니다.

열등감을 건강하게 인식하고, 발전적인 방향으로 사용하기 위해서는 비교의 대상이 타인이 아닌 '오늘의 나'가 되어야 합니다. 아무리 어깨를 구부리고 다녀도 제 키는 175cm입니다. 다시 태어나지 않는 이상 작고 아담해질 수 없습니다. 이것은 바꿀 수 없는 선천적인 특성이자 사실입니다. 하지만 '키가 너무 커서 매력 없다'라는 해석은 충분히 바꿀 수 있는 생각입니다. 가질 수 없는 것에 대한 결핍은 바꿀 수 없지만, 그 결핍을 대하는 내 생각은 바꿀 수 있습니다. 키를 줄일 수는 없지만, 매력적인 사람이 되는 방법은 많습니다. 좋아하는 운동을 하고, 물을 많이 마시고, 좋아하는 사람들과 대화하며 웃고, 좋은 책을 읽고, 좋은 생각을 하는 거죠.

어디에든 나보다 우월한 사람은 존재합니다. 그때마다 '나는 왜

같은 것을 가지지 못했나?'라고 묻는 것은 건강하지 못한 답을 도출합니다. 결핍의 관점으로 세상을 바라보면 불공평한 것투성이입니다. 태어나니 부자인 사람이 있고, 당장 끼니를 걱정해야 하는 사람도 있습니다. 건강하게 태어난 사람이 있고, 그렇지 못한 사람도 있습니다. 재능에 따라 공부가 쉬운 사람이 있고, 운동을 잘하는 사람이 있습니다. 미국 드라마 〈럭키 루이〉에서 다른 친구와 자신을 비교하는 딸에게 아빠는 이렇게 말합니다.

(딸) 왜 그 아이는 갖고 나는 못 갖죠? 공평하지 않아요.
(아빠) 항상 다른 사람과 같은 것을 가질 수는 없어. 절대 동등하게 갖는 일은 없을 거야. 앞으로도 그런 일은 네 삶에 없을 테니, 지금 배워 둬. 알았지? 잘 들어. 네 이웃의 그릇을 봐야 할 유일한 이유는 '남의 그릇에 든 게 부족하지는 않은지'를 확인할 때뿐이야. 네가 네 이웃만큼 가졌는지를 확인하려고 그의 그릇을 보면 안 돼.

저에게 어떤 관점으로 타인의 삶을 봐야 좋을지 방향성을 제시해준 대사였습니다. 가장 인상적인 단어는 '배움'입니다. 내 삶이 타인보다 우월한지 열등한지를 확인하기 위해 타인의 삶을 보는 건

바람직하지 않다는 것, 타인의 삶에 관심이 필요한 이유는 내가 나눌 게 있는지를 보기 위함이라는 것, 이러한 생각의 습관은 타고나는 것이 아니라 배우는 것이라는 깨달음을 주었습니다.

우리가 열등감의 굴레에서 벗어날 방법은 '인생은 결코 공평하지 않다'라는 불편한 사실을 인정하는 것입니다. 그리고 '내가 바꿀 수 있는 것은 무엇인가?'를 묻고, 내 삶을 더 나은 방향으로 바꿔나가는 것이 중요합니다. 불공평한 세상을 바꿀 수는 없지만, 내 삶을 바꿀 힘은 나에게 있으니까요. 타인보다 나은 내가 아니라, 어제의 나보다 더 행복한 내가 되기 위해 열등감을 지혜롭게 대하는 관점을 익히고자 노력하는 당신을 응원합니다.

나는 어떤 사람인가에 관한 물음

"내가 원하는 삶은 이런 모습이 아니었는데". 모든 일에 최선을 다해도 만족스럽지 않았던 30대를 떠올리면 생각나는 문장입니다. 이상적인 모습을 정해 놓고 그 기준을 충족시키지 못하면 더 잘하지 못한 나에게 실망하고 채찍질했습니다. 모두에게 좋은 사람이 되기 위한 수많은 틀에 자신을 끼워 맞추며 살았습니다. 그러다가 가족, 일, 관계에서 발생한 문제가 해결되지 않거나, 누군가가 불편해하면 책임을 다하지 못한 나를 비난할까 두려웠습니다. 맡은 역할과 의무를 완벽하게 이행하기 위해 정작 '나'는 어떻게 지내는지 살펴보지 못했습니다.

히긴스(Higgins)의 자기 불일치 이론(Self-discrepancy theory)에 따르면, 사람들이 스스로에 대해 갖는 세 가지 자기 개념이 있고, 자기 간 불일치가 클수록 부정적 감정을 더 많이 경험하게 된다고 합니다.

- 실제적 자기(Actual self) - 현재 나의 모습
- 이상적 자기(Ideal self) - 내가 바라는 이상적인 모습
- 당위적 자기(Ought self) - 내가 해야 한다고 믿는 의무나 책임을 보유한 모습

이상적인 내가 되기 위해 노력하고, 책임감 있는 태도를 갖추는 것은 성장에 긍정적인 영향을 주는 면이 있습니다. 하지만 과도하게 높은 기준을 세우거나, 혼자서 너무 많은 일을 해결하고 책임지려는 태도는 현실적 자기를 힘들게 합니다. 이상적 자기와 실제적 자기의 불일치가 크면 실망과 슬픔 같은 감정을 경험하게 됩니다. 또, 실제적 자기와 당위적 자기의 불일치가 크면 불안과 죄책감을 경험하게 됩니다. 아무리 좋은 이상이고, 모두에게 좋은 일이라도 현재의 내가 괴롭고 힘들다면 미래의 나도 행복할 리 없습니다.

"오늘 나의 하루와 마음에 귀 기울입니다". 40대가 되어서야 이상적인 나, 당위적인 나가 아닌 현재의 나를 살펴봅니다. 내일 당장 무슨 일이 있을지 예측할 수 없고, 한 시간 뒤의 일도 알 수 없는 것이 인생입니다. 이제는 '시간이 지나면 괜찮아지겠지'라는 생각으로 실제적 자기를 희생하지 않습니다. 지금 할 수 있는 것만, 할 수 있는 만큼으로 기대를 낮추고 즐겁게 살고 싶습니다. 책임감과 의무감에 갇힌 당위적 자기에서 벗어나기 위해 '꼭 내가 해야 하는 것'과 하면 좋지만 '꼭 내가 하지 않아도 되는 것'을 구분합니다. 모두에게 좋은 사람이 되기 위해 불안하고 초조하게 사는 완벽한 나보다는 타인의 시선과 평가에서 벗어나 내가 원하는 것을 선택하고 자유롭게 사는 내가 되고 싶습니다.

인생을 책으로 비유하면 이번 소설의 주인공은 '나'입니다. 다른 사람은 그들의 소설에서 주인공으로 살아가면 됩니다. 그러니 다른 사람을 먼저 챙기는 것이 아니라 내가 먼저여야 합니다. 소설의 내용을 어떻게 채울지, 어떤 결말을 내릴지, 등장인물은 누구로 정할지, 그들과 무엇을 할지는 전적으로 '나'를 중심에 두고 생각해도 됩니다.

코칭 철학에서는 '해답은 우리 안에 있다'라고 말합니다. 상대가 베푸는 친절, 관심, 인정, 평가, 조언은 그에게 맞는 해답이지 나에게 맞는 해답이 될 수 없습니다. 내 삶에 전문가는 나 자신입니다. 있는 그대로의 모습을 존중하고, 행복한 삶을 설계할 선택적 힘은 이미 나에게 있습니다.

그렇기에 '저 사람은 어떤 사람인가?'라는 물음이 아닌, '나는 어떤 사람인가?'라는 물음을 갖고 남은 인생을 살아보려 합니다. 여러분도 나의 하루와 마음이 어떠한지에 귀 기울이고, 나를 아끼고 사랑하는 당신이 되길 응원합니다.

[Self-Coaching] 나의 하루와 마음 노트

1) 내가 좋아하는 것과 싫어하는 것은 무엇인가요?

_____

_____

_____

_____

2) 내가 가장 나답고 느낄 때는 언제인가요?

_____

_____

_____

_____

3) 3년 후에 나는 어떻게 살고 있을까요? 내적, 외적으로 무엇이 달라져 있을까요?

_____

_____

_____

_____

Learn to
love yourself

저에게는 삶이 버겁게 느껴질 때, 나라는 존재가 한없이 작아 보일 때, 곁에 두고 보는 드라마가 있습니다. JTBC에서 방영된 〈눈이 부시게〉입니다. 특히 다음 대사들은 지친 마음에 위로를 건네고, 대단하지 않은 일상의 소중함을 되돌아보게 하는 울림이 되었습니다.

"나는 내가 너무 애틋하거든. 나란 애가 제발 좀 잘 됐으면 좋겠는데… 근데 애가 또 좀 후져. 이게 아닌 거는 확실히 알겠는데, 근데 또 이걸 버릴 용기는 없는 거야. 이걸 버리면 내가 또 다른 꿈을 꿔야 하는데, 그 꿈을 못 이룰까 봐 막 겁이 나요"

그런 날이 있습니다. 내 마음에 비친 내 모습이 마음에 들지 않아 초라한 날, 다른 사람 눈치 보지 않고 하고 자유롭게 사는 누군가가 부러운 날, 다르게 살고 싶은데 용기가 없어 포기하는 나를 자책하는 날, 이도 저도 아닌 내가 한심해 보이는 그런 날이 있습니다.

차디찬 자기 비난의 바람이 불어칠 때마다 '나라는 애가 너무 애틋하고 잘 되었으면 좋겠다'라는 그 마음으로 자신에게 위로를 건네면 좋겠습니다. 친구나 가족, 지인처럼 곁에 있는 누군가가 힘들어할 때, 최선을 다하지 않거나 나약해서 그런다는 말로 몰아세우나요? 아닐 겁니다. 타인을 애틋하게 보는 그 시선으로 '나'도 애틋하게 바라보세요.

대단하지 않은 나도, 후진 나도 '나'입니다. 어떻게 사람이 늘 대단하고 멋질 수 있나요? 삶이 때론 행복하고, 때론 불행한 것처럼 세상에 완벽한 사람은 없습니다. 누구나 기존의 방식이 아닌 새로운 변화를 마주하면 두렵고 겁이 납니다. 내가 변변찮고, 보잘것없어서 그런 것이 아닙니다. 그러니 자신을 향한 엄격하고 냉정한 마음의 소리가 아닌, 따뜻하고 다정한 마음의 소리로 온전하게 나를 지켜 주면 좋겠습니다.

대체로 강연 현장에서 만난 교육생들의 사례가 담겼지만, 이 책은 사실 저의 이야기이기도 합니다. 삶의 중심에 내가 바로 서지 못해서 상처로 가득한 과거는 지나갔습니다. 책임과 의무에 스스로 가두며 현재의 행복을 미래로 미루지 않습니다. 다시 돌아오지 않을 눈부신 오늘을 살며 내가 느낀 감정과 생각을 온전히 믿고 표현하는 당신과 내가 되었으면 좋겠습니다.

마지막으로 책이 나오기까지 물심양면으로 지원해주신 슬로디미디어 동료들께 감사를 전합니다. 그리고 온전한 나를 만나는 여정에 안전지대가 되어준 반려자에게, 존재의 행복을 온몸으로 느끼게 해준 딸에게 사랑을 전합니다.

참고 문헌

- 김형석, 《백년을 살아보니》, 덴스토리, 2016.
- 권석만, 《젊은이를 위한 인간관계의 심리학》, 학지사, 2018.
- 네드라 글로버 타와브, 《나는 내가 먼저입니다》, 매일경제신문사, 2021.
- 대니얼 카너먼, 《생각에 관한 생각》, 김영사, 2018.
- 레이첼 브라이언, 《동의》, 아울북, 2020.
- 로버트 서튼, 《참아주는 건 그만하겠습니다》, 한국경제신문사, 2019.
- 마샤 레이놀즈, 《불편한 질문이 모두를 살린다:디-존》, 이콘, 2017.
- 마셜 골드스미스 · 샐리 헬게슨, 《내 일을 쓰는 여자》, 에이트포인트, 2020.
- 박보식, 《리더십 이론과 실제》, 대영문화사. 2017.
- 수잔 포워드, 《협박의 심리학》, 서돌, 2008.
- 에드거 샤인 · 피터 샤인, 《리더의 질문법》, 심심, 2022.
- 에이미 에드먼슨, 《두려움 없는 조직》, 다산북스, 2019.
- 이팅 리, 《잠깐만》, 교육과실천, 2022.
- 이현정 · 이철민 · 김성미, 《세상에서 가장 힘이 센 말》, 달달북스, 2020.
- 오두범, 《조직 커뮤니케이션 원론》, 서울대학교출판부, 1994.
- 오은영, 《오은영의 화해》, 코리아닷컴, 2019.
- 정혜신, 《당신이 옳다》, 해냄출판사, 2018.
- 존 스튜어트 밀, 《자유론》, 책세상, 2018.
- 존 휘트모어, 《성과 향상을 위한 코칭 리더십》, 김영사, 2019.
- 최인철, 《프레임》, 21세기북스, 2021.
- 캐럴 드웩, 《마인드셋》, 스몰빅라이프, 2017.
- 크리스토퍼 차브리스 · 대니얼 사이먼스, 《보이지 않는 고릴라》, 김영사, 2011.
- Donna Dunning, 《성격유형과 커뮤니케이션》, 어세스타. 2008.
- Elaine Cox · Tatiana Bachkirova · David Clutterbuck, 《코칭이론의 모든 것》 교육과학사, 2019.
- James Flaherty, 《잠재역량 계발을 위한 기적의 코칭》, 학지사, 2019.
- Naome L. Quenk, 《성격유형과 열등기능》, 어세스타, 2009.